築夢進行曲 II

夢有多遠，
心就要多強大

主編 **林裕峯**

李開弘｜陳靜芬｜陳紀遠｜吳浩中
楊稚穎｜劉上福｜蔡姍珊｜謝美慧｜呂世博

目次

前言：你為什麼要圓夢？

林裕峯

談起人生，相信不論在學校或者在社會工作，都不時會有人問你這樣的問題：「你將來要做什麼？」、「你現在收入多少，明年會調薪嗎？」或者問你：「某某考試，你考得上嗎？」、「某某專案計畫，你有把握得標嗎？」

總之，最終就是要問你，要怎麼成功？不論那個標準是以金錢衡量？以考試成績衡量？還是以業績有沒有達標衡量？

成功是人生的衡量標準嗎？

成功的確重要，所以市面上有一大堆「成功學」的書。然

而，成功是否就是人生唯一的標準？換句話說，人生在世，就是為了追求成功嗎？

本書不是哲學書，也不是要來個正反雙方辯論。但只想提出另一種視角；舉例來說，大家都知道的《西遊記》中唐三藏取經的故事，那一路走來，經歷過多少妖精妖怪和數個大磨難等，最終結局，算是「成功」嗎？是否有人會說「得道成佛」才叫做「成功」？

再舉例，我們看愛情故事，身世背景相差很多的男女，被雙方家族禁止來往，後來女方為愛私奔，這對情侶逃過追逐，九死一生，終於獲得幸福，他們這樣，算是「成功」了嗎？其他像音樂演唱會，演出時獲得滿堂喝采，這可以算是成功？還是就算沒獲得熱烈掌聲，台下座位空蕩蕩，但演出者自己知道這回演出達到一個新境界，那他是成功還是失敗？

最終，我們發現，**這世間事，無法總以「成功」來衡量。**

相較來說，不論你我，不論任何職業、身分和背景，人人不一定要追求成功，所謂成功的定義也各不相同，但絕對都需要圓夢。換個角度來說，一個人若不想圓夢，甚至根本沒有夢，那真的就是純粹的虛無，失去所謂的「存在感」，那樣，活著不是辛苦，也不是痛苦，而是連「苦」的意義都失去了。

這樣的人生，會是你喜歡的嗎？

築夢與逐夢

人終需有夢，有的人自己作夢，並且也幫人圓夢。對於孩子們來說，他們還在學習中，他們原本有其他的夢，但隨著自己長大，學到越多，夢想就會調整。例如，從小學時代的消防隊員夢，變成中學時代的警察夢，到了大學又變成企業家夢等等。

《西遊記》裡唐僧取經，不定義他是否成功，但他真的努

力去逐夢並且圓夢。愛情故事中，也許最後王子與公主的結局，以經濟的角度來看，不算成功，畢竟女方放棄了原本家境富裕的生活，但以愛情這個夢來說，他們逐夢成功。

人生，就是要築夢再逐夢，也許那個當初所用心建構的夢，必須耗費一生來追逐，但相信只要夢想在，人生就是快樂的。不是常常有企業家被訪問時，會有這樣的感慨，說他們現在想起來，人生最甜蜜的日子，反倒是那一段辛苦打拼，甚至必須打地舖睡辦公室的階段，最悲慘時可能三餐不繼，但現在回憶起來，那種「逐夢」的過程，最最難忘。

到如今，雖已經功成名就，擁有萬貫家財，夢想實現，要什麼有什麼，對比起來就沒那麼多內心感動了。

關於築夢與逐夢，2018 年時，我和一群團隊，共同完成一本書，叫做《築夢進行曲》，這本書是當時的暢銷書，後來也引來很多迴響。當我去到不同縣市做巡迴演講時，總會遇到不

同年齡層的人和我交流有關築夢的經驗。

　　互動過程中，有種種的討論，也聊到很多新的問題。例如：如果追逐夢想不一定成功，那麼為何成功人士總愛說「人要有夢想」？是否世俗定義中，依然覺得圓夢就等於成功？

　　夢想是什麼？若依世俗的理解，最終還是離不開金錢與名利；真的是這樣嗎？

　　逐夢是一輩子的事嗎？如果到人生結束，還是沒結果？那是否「曾經擁有就不在乎結果」呢？反過來說，如果一個人逐夢，最終得到了，那他剩下的一生，是否已經「夢過」，而不需要再有所作為了呢？

　　其實，再次重申，本書不是哲學書，關於夢想，全世界學者也無法有標準答案。但的確，在互動討論中，我覺得非常有意思。當時有提出過不同的想法，例如，就算一個販夫走卒，他不是世俗眼光中的成功人士，但他們當然也有自己的夢想；

而一個音樂家追求創作的境界，他的夢想，也絕非一定要跟金錢名利扯上關係；至於一個人是處在「逐夢過程」還是「夢過了無遺憾」呢，那其實也攸關個人的體驗，旁人不一定可以領略他的感受。

無論如何，這些都是非常值得探討的問題。

也因此，在這樣的機緣下，我們有機會再去尋找更多的案例，並以此根據為文推出這本《築夢進行曲》續集。

為什麼要圓夢

回歸最開頭的標題，你為什麼要圓夢？本書分成三大部分，用不同的角度來探討圓夢的話題。

一、生涯追尋篇

每個人的一生都在自我追尋，這包括生活層面與心靈層面。但關於圓夢，我們仍把焦點放在生涯上，因為這樣比較不會讓

議題太過廣泛。以生涯追尋來看，那些成功企業家都可以是典範，包括眾所周知的各行各業經營之神、業績冠軍、學生們崇拜的首富們，都一定可以說出他們追夢的故事，而坊間許多的書籍，甚至看電影時，也都會接觸到這類的勵志情節。

但在生涯追尋篇，我們想要的是不經美化，甚至仍在進行式中的人，他們並非什麼大企業老闆，也不會是社會名人。因為一旦成名後，回憶有可能被美化，為了符合媒體需求，成長過程紀錄會多了劇情以及刻意加強的勵志記憶。

本段落我們介紹的 3 位老師，他們不是名人，但分別在不同領域裡，有他們的逐夢歷程，也將分享了他們最真實的感受。

• 在職涯轉型找到人生新方向，最終自己創業有成：李開弘

• 現年 30 歲出頭來自偏鄉的年輕女孩，如何追求一片天：陳靜芬

• 走一條藝術道路：身為音樂人如何生涯逐夢：陳紀遠

二、生命體悟篇

　　逐夢不一定對應成功，夢想經常也跟心靈成長有關，另外，夢想實踐的領域更多元，例如有人投入公益志業、有人投入學術研究、有人投入宗教靜修，在不同的領域，都有種種築夢的可能。

　　而「圓夢」既然不是世俗定義下的「成功」，那過程跟結果，也絕非是用「今天賺多少錢，5年後會賺幾倍的收入」的衡量方式。相對來說，會有的很多是「內心的轉折」、對事物的全新觀點以及對自己於他人間的認知調整等等。

　　當然，人永遠在成長，一個人也可能初期是生涯追逐，後來得到生命體悟；包括前一篇介紹的幾位築夢分享者，他們除了生涯追尋，也一定包含了豐富的生命體悟經驗。但在本篇，我們介紹的4位老師，會將更多的焦點，放在心靈層面，包括一般人覺得有點怪力亂神，但這些都是老師們的真實體驗。

- 見證過許多生死關頭，不可思議的通靈經驗，願分享造福世人：
  謝美慧

- 以天命的角度看人生，站在命理事業看築夢：吳浩中

- 消防隊員出身，後來投入心理諮商事業，透視分析人性：楊
  稚穎

- 家人離世，曾經自我漂泊放蕩，後來重新體悟人生：上福

三、助人圓夢篇

　　如果一個人，當自己的第一階段夢想實現後，接著能把幫
助別人當作第二階段夢想，那他的人生會更加的燦爛。

　　前面兩篇介紹的 7 位老師，各個最終都走向助人圓夢的路，
也就是說，每一個人的築夢及逐夢，我們可以簡單的定義，從
「生涯追尋」→「生命體悟」→「助人圓夢」是一個生命歷程，
這歷程可以不斷循環，變成一個生涯逐夢的正面循環。

在本篇中，我們特別列出 2 位助人圓夢的學習對象。他們一方面事業有成，在本業上都有一定的成就，但都願意在自己的成就下，繼續發揮自己的專長，協助更多新朋友，可以圓他們的夢。

- 銷售成績屢破紀錄，已達財富自由境界的女孩，卻想幫更多人成功：蔡姍姍

- 台灣微商教父，本書唯一的媒體名人，每日打拼只為助人圓夢：呂世博

過往，你可能不曾聽過他們的名字。在傳統定義上，也不一定是名利雙收的成功人士，但他們每位都以認真的態度，去面對他們遇到的困境以及突破新局，並願意將築夢與逐夢心得分享給大家。

書上也會附上他們的相關資料，如果讀者想要與他們進一步聯繫，包含加入他們的夢想事業，或線上討論任何築夢的疑

難雜症，都歡迎透過他們公開的社群網站或 LINE 聯繫。

　　準備好你的紙筆了嗎？找出別人逐夢歷程足以借鏡之處記錄下來，所謂他山之石可以攻錯，讓自己成為一個更美好的築夢人。

Part 1

生涯追尋篇

築夢者心法

💡 **思維探討**：在人生的不同階段是否該轉換跑道？

✏️ **築夢銘言**：人生其實充滿多樣的可能，重點就是關鍵時刻，
你要勇敢轉換跑道。

人生總有一條
更好的跑道

李開弘

關於職涯人生的道路，人們總聽到許多的「建言」，最常聽見的告誡，是要年輕人「做事認真踏實，不要輕易被困難打敗，更不要因為遇到挫折，就想轉換跑道，因為滾石不生苔」。

古老的智慧，總有一定的道理，長輩的告誡，我們多少要聽。然而，關於自己的人生，難道所有的困難都必須要「逆來順受」嗎？挫折，是一種磨練，但是挫折，也可能是一種生命轉折的提醒呢？

李開弘，在他的人生歷程中，做過不同的躍升，他服務過人人稱羨台灣最頂尖的企業，但就算是進入這類頂尖的企業，一個人就該心滿意足，不再轉換跑道嗎？關於職涯的轉折，以及如何在逐夢的路途上找到最佳的發展。

李開弘，有他的一套生命智慧。

錯過的軍旅生涯夢

　　人人都有夢想，對李開弘來說，他從小的大夢想，就是投入軍旅，他認為那是最值得驕傲的身分。但後續發展，開弘不但沒有投效軍職，他後來所從事的任何事業，也都和軍職扯不上關係。那麼，他的夢想沒能實現，這算是人生的挫敗嗎？畢竟，軍職不像其他的行業或夢想，例如，有人 60 多歲還能創業有成，有人 70 多歲還能考上博士；軍職，是有年齡限制的，已逐漸邁向中年的開弘，不可能圓他的將軍夢。然而，就算不能追逐原本的夢想，開弘的人生依然豐富多彩，在不同領域有大成就。所以，我們可以省思兩個跟「改變」有關的問題：

* 如果自己的人生志向，跟後來現實生活的歷練走向不一致，那人生該如何？

* 職場上，在什麼階段以及怎樣的前提下該選擇改變？怎樣的情況下不該改變呢？

以開弘的成長歷程來說，很明顯的，他想投入軍職的夢想，與他爺爺有很大的關係。他的爺爺，是在風雨飄搖的年代，扮演重要關鍵角色的將軍。當年國民黨軍撤退來台，他的爺爺是隸屬於蔣中正直屬麾下的獨立團團長。從小開弘便經常聽聞爺爺的豐功偉業，在他當時小小心靈中，埋下了想從軍報國的想法。雖然從小就聽爺爺的故事，但真正見到爺爺，已經是小學以後的事。原來，當年兩岸烽火，變局倉促，李爺爺在兵荒馬亂中，只來得及帶他一男一女，兩個兒女來台，還有一位兒子，也就是開弘的父親，當時是被留在廣西，所以父親是在廣西長大，後來也在廣西娶妻生子，開弘是在廣西桂林市出生。

直到開弘快 3 歲的時候，透過依親手續，李爺爺和開弘父親取得聯繫，當年尚在戒嚴時期，所以開弘不能直接來台，而是住在第三地香港。他整個小學 6 年的光陰，都是在香港度過，也因此，當到了中學，他終於可以來台時，發生語言適應問題，國語有腔調，台語不會講，就連英文，也因為香港學的是英式英文，台灣學的是美式英文，而有口音的問題。開弘因為是在

念國中時才來台灣，這讓他的學習歷程走得比較艱辛，他得花很多時間做生活適應，導致他升學路走得很不平順，後來沒能念明星高中升大學，而只能就讀二專，選擇技職教育。

其實，開弘的第一志願，不是高中，更非技職學校，他一心一意想念的是軍官學校，他的人生志願是當個將軍。可惜，再強大的志向也敵不過法律規範，他的身分，當時是個來台不滿 10 年的「外僑」，所以完全無法報考軍校。就算如此，後來到了兵役年齡，開弘至今最津津樂道的一件事，就是他當時在陸軍入伍做新訓操練時，是和憲兵單位一起培訓，而他的體能戰技成績，包括 5 千公尺賽跑等等，都得到最佳成績，勝過一起訓練的憲兵，其他包含團隊互動、領導弟兄完成任務等，表現都很傑出，雖然命運的安排，使他無法投報軍旅；至少他的確在兵役期間具體證明自己可以是個優秀的軍人。

不算順遂的學習歷程

　　一個人的出生與成長環境，對未來發展往往有鉅大的影響。然而，就算是同樣出生背景的人，還是有人可以走出康莊大道，有人則發展不佳，並將一切挫敗都歸咎於成長環境。

　　以成長歷程來看，開弘站在一個很不好的基礎，**但改變他人生的關鍵，就在於他有個不服輸的性格。**

　　出生在廣西，1970 年代，正是文化大革命時期，可想而知，那時的環境是比較艱辛的，經濟是個難題，甚至就算有錢，也不一定可以買到東西。就是在這樣的時代背景下，開弘的父母，不敢再生第二個孩子，開弘是家中獨子。經常我們聽到教育專家們的研究心得，認為獨生子因為比較受寵，往往變得較為依賴，小時候的開弘，也是被父母非常呵護的孩子，那時候他在香港受教育，記憶中，他的暑假生活，就是整天看電視，假日跟朋友踢足球等等，沒有任何打工或參加營隊等的磨練，總之，生活經驗很侷限。

來台灣後，因為文化背景不同，各項學習基礎都不好。國中在台北就讀，高中轉學到新竹，他不僅在校成績不傑出，連朋友也不多，可以說，直到當兵前，他的人生都乏善可陳。直到軍中入伍那兩年，才有比較鮮明的回憶，然而退伍後，他仍必須面臨就業的問題，那時也曾短暫去社會歷練一些工作，但終究想想，學歷不足仍是問題，所以又重新找回書本，他報考了二專二技，考上了國立聯合技術學院，主修電子科系。至此，他職業生涯第一階段定調，就是以電子相關產業為主。

這其實不是他的最愛，如同前述，他的第一志願是當軍官。所以在專業科目的選擇對當時年紀尚輕的開弘來說，其實也仍在摸索中。相信這也是許多年輕人會碰到的狀況：

• 如果，我不知道自己喜歡什麼科系怎麼辦？

• 如果，我知道我喜歡什麼科系，但我卻考不上這個科系怎麼辦？

關於後者，開弘要跟讀者分享，依照他的觀察，這社會上大部分的成功者，都是信念很堅持的人，如果夢想夠強烈，好比說，一個人就是很喜歡念電機，他朝思暮想都是將來想在這專業領域出人頭地。那麼，**夢想越強大，行動力也就越強大**，他相信若一個人具備有非常強烈非贏不可的意志，就算第一年沒考上，第二年也一定會考上；或者有的人先選擇其他科系就讀，入學後再設法轉學，總之，只要「想要」的願望夠熾烈，最終都會達到目標。

至於前者，也就是不確定自己喜歡什麼科系，或者正如開弘，他喜歡軍職，但注定不能從事軍職；那他也就只能先找自己還可以接受的科系，但即便不是原本最熱愛的科系，既然正式加入了，就該投入百分百的熱誠。這就是開弘學習的態度，也是他後來做事的態度。

正因為這樣的態度，開弘在他的職涯歷程中，每每都能從基層做起，將工作做到有聲有色後，便能找到進階提升的機會，

後來能夠進入每個科技青年夢寐以求的頂尖企業上班。

🗨 重回校園進修或是留在職場繼續打拼的抉擇

畢業於電子科系，開弘進入社會的第一份正式職務，是在消防設備廠擔任維修工程師，所服務的客戶群，許多都是位於新竹科學園區的公司，開弘被直接派駐於台積電半導體廠。雖然只是外圍廠商，但那段日子開弘也等於是在台積電工作，也就是在那段時期，台積電高層注意到，這個年輕人做事踏實，包括每月定期測試，以及不定期的檢測，他都依照高標準來執行任務。然而當時開弘內心，卻有著另一番的心理掙扎，每當他換穿無塵衣進廠做維修時，內心不免也想著：「以我的本事是否這一生也就只是個維修人員？如果有加強實力的機會，我應不應該去爭取？」

然而因為一次事件，促使開弘萌生想要進修的念頭。某一次，假日排休，他正和主管搭車準備南下台南做個小旅行，結

果，車子才開到台中，就接到台積電長官的電話，說有緊急狀況要求他們回來，他的主管只得帶著他把車開回新竹。回公司一看，其實那只是個很簡單的訊號異常狀況，令開弘訝異，難道台積電本身有那麼多領高薪的專業工程師，都沒有人可以處理，一定要等到他來才有辦法解決嗎？

進一步思考，他的實力不輸他們，甚至比他們強，為何卻不夠資格進入這家公司？他覺得因為這是講求「學歷至上」的社會，他必須要加強自己的實力。改變，需要勇氣，原本的工作可以帶來重要的學習及收入保障，自然不能放棄，但又想要進修，那麼，唯一的方法，就是付出更多的時間，於是他邊工作邊把握機會念書，等待重回考場；當時的他已經 25 歲了，遠超過一般大學生的年齡，但開弘完成不可能的任務，在不耽誤工作的前提下，以優異成績考上台北科大電機系，維持半工半讀的模式直到大學畢業。

事實證明，當一個人感覺到自己的不足，勇敢挑戰自己的

極限，以加強實力為目標，這決定是對的。日後也就因為有著真正的專業，讓開弘可以在職場不斷有攀升的機會。

當開弘大學畢業後，同時他也以外圍單位駐廠的身分，在台積電服務多年了，成效卓越備受肯定。有個機緣，終於讓他成為人人稱羨的台積電員工。原來，剛好有一個正職工程師退休了，而台積電主管們，當年就對開弘的工作態度及做事能力留有非常好的印象，恰巧開弘此時也從台科大電機系畢業，有了正式的大學文憑，經過簡單的面試後，開弘就去台積電報到上班了。

這裡，開弘想要和年輕人分享，任何的企業都有一定的門檻，特別是你越想進入的企業，進入門檻就越高。如果一個人發現自己的實力未達門檻，那麼，開弘建議，年輕就是本錢，與其繼續為了一點點薪水蹉跎青春歲月，還不如勇敢的做個抉擇，若評估自己可以半工半讀，那就拚個幾年，可能放棄休閒，把工作與學業都做好。

若評估自己無法兩邊兼顧，那他建議也不妨暫時放棄工作，專心進修。進修的前提，假定你在某個企業部門上班，發現到若想擔任主管，自己還欠缺什麼能力，或者關於所從事的行業中你還有很多知識不夠充實。所以往往會有兩個選擇：一、憑藉著年資慢慢爬，也就是努力在基層扎根，然後依公司規定進階，但有可能終究爬到某個位階，頂多到低階主管就升不上去了，因為專業知識不足，成為你晉升的天花板。二、充實自己，符合標準再重回職場。要不要放棄工作，專心進修，這就是抉擇的時候。

　　這其實也很像軍中的職涯，如果一個人只是士校畢業，那他一輩子再怎麼爬升，最高也只能擔任士官長，無法成為正式軍官，任何一個少尉，哪怕只是菜鳥，階級都比他大。如果以軍職來比喻，念官校是必然的實力修煉過程，那麼對其他職場來說，也都有各自的基礎修煉場域。所以，開弘決定繼續升學。事實證明，將時間用在對的地方，可以影響未來更好的一生。年輕的主力，應該是充實自己，這才是正確應用時間的方法。

💬 轉換跑道也提升自己

　　經常有這樣一種情況，在還沒進入理想的企業前，朝思暮想都期盼進入，一旦進入了，熟悉了，過了一段日子，又發現其實自己追求的是更好的狀態。這種情形，並非「不知足」，而是隨著自己的格局境界提升，看待人事物的標準也會改變。

　　進入人人稱羨的台積電後，開弘的眼界更寬廣了。從前他擔任消防廠商的駐廠人員，其實只能接觸有限的場域。如今成為正職員工，他才有機會更進一步認識整家公司，乃至於也有機會去看看其他的科技業的實況。

　　開弘看到的是，論實力自己很優秀，但論收入，職場生涯卻不是依照一個人的實力做為報酬分配標準的。開弘看到，那些供應商、擔任老闆的人，穿著光鮮亮麗，擁有豪宅名車，相較來說，像開弘這般真正付出辛勞打拼的人，每月只能領有限的固定薪水，傳說中令外界稱羨的股票，其實數量也並不多。如果僅僅是這樣也就罷了，開弘會想著，可能是有人天生就家

裡比較有錢，所以註定是老闆的命吧！但有許多次，當公司出現監控系統異常的時候，開弘做為第一線處理人員，卻發現那些身居高位收入比他高很多的人，沒能力解決問題。

例如有一回，系統出問題，部門主管跟某個資深工程師，還在那邊「討論」問題可能的成因，討論個大半天也沒結果，但彼時，剛從外面出差回來的開弘，立刻就趕赴第一現場，他已經直接在處理問題。到頭來，主管和資深工程師終於談完，「找到問題」了，但開弘早就自己把問題解決了。這樣的事情一次次發生，開弘不願意讓自己成為其他高階人員的工具，不是因為忌妒別人，事情不用做那麼多又能領高薪，而是開弘覺得，自己如果那麼有能力，是不是應該去找個更能發揮所長，更重視他的地方呢！

另一個思維，事實證明這間上市公司的職場文化無法讓他發揮所長，付出與回報不成正比，那麼趁著仍年輕的時候，他決定應該再去多嘗試不同類型的工作。於是，開弘選擇去到一

家手機電路板廠。這回他要歷練的是海外工作的機會，這家電路板廠，在大陸新設基地，開弘去擔任系統監造。這是個特殊的歷練，開弘將擔任主管職位，新廠建地有 1 萬 2000 坪，員工1200 人，他負責的是空調系統部分。

說起來，開弘也正好抓住時機。當年是 2007 年，正是台灣製造業逐漸沒落的一年，曾經的四小龍之首，如今光環已經逐漸黯淡，很多產業移往中國。這是個難得的機會，正是處在經濟轉型的當口，正好可以見證大陸經濟一步步興起的歷程。

廠房建好後，開弘直接擔任生產線部門主管。這也讓他體會了兩岸不同的管理模式，因應兩岸不同的思維，以及必須時時調整作法的管理歷練，也讓開弘培養了更高的管理格局。後來，又有一個能夠轉型成長的機會。

他在中國認識的一位台商朋友，本身在上海昆山市有自己的工廠，有個幹部生病要退休了，需要一個管理專才，而且必

須是台籍幹部，這次，真的讓開弘做到了高階管理職。雖然工廠本身不大，比起以前開弘服務過的企業，這家規模相對較小。但卻能讓開弘獨當一面，因為總公司在台灣，所以他實際上就是大陸廠房的最高負責人，他不僅管理生產，也管理品管、業務和行政管理等部門。

假如當初開弘不懂得轉型，那多年以後，他仍只會是台積電的一個基層職員，領著跟當初差不多的薪水，懂得東西也不會增進太多。**人生其實充滿多樣的可能，重點就是關鍵時刻，你要勇敢轉換跑道**，這是開弘真心的體悟。

欣逢中國經濟起飛年代

害怕改變，是人之常情。從石器時代，人類就處在害怕飢荒及害怕被野獸吃掉的恐懼裡，當時的生活就是每天不獵食就得餓死，但身邊周遭處處有著危機，連睡覺也不敢深眠。一直到農業時代，人類有了安定的居所，才能擁抱安全感，而若有

一天得遷徙，內心又開始感到恐慌。所以，人類天性是害怕改變的，那種失去安全感的感覺根深柢固。

過往許多年，開弘每一次的職涯轉換，其實家人也都是擔心的，例如，後來開弘轉職準備到上海昆山報到的時候，家人也曾建言，原本的公司做得好好的，何必再換跑道，何況新公司規模似乎沒有比舊公司好。但對開弘來說，這世界本來就永遠處在變的狀態，世界在變，人被迫也要改變，他覺得新工作才能讓他成長到新的境界。

後來，他在崑山當幹部時，剛巧發現上海交通大學正在招考 SMBA，要求的報考條件，是有 3 年以上職場資歷，開弘也剛好符合。於是，開弘一方面開始歷練更高階管理職，一方面也又再次回到校園，他是 2009 年入學，開弘對這年份記得很清楚，因為，他入學的前一年正好就是全球金融風暴，產業哀鴻遍野的時候，他卻選在這樣的時候，不但轉職還入學進修。事實證明，結合原本職場歷練以及學以致用的專業，開弘把工作

做得有聲有色，就在金融風暴的隔年，也就是開弘還在交通大學進修的第一年，他同時也交出一張優秀的管理成績單，明明產業界遇到重大打擊，很多廠商都虧損，但開弘卻讓這家公司逆勢成長，2009 年營業額還比前一年成長 88%。淨利潤也成長17%。到了年度評比，開弘執掌的廠房，業績是總公司兩岸三地10 個部門中，總成績排名第二，備受肯定的。

然而，每當到達心目中更好的職場，並且建立值得肯定的成績後，往往就代表著，要評估是否該往下一個階段轉型的時候。當時，開弘都已經約當到廠長的職位了。如果再提升，可能代表他就要去創業了。事實上，後來開弘的確也朝創業之路邁進。

過程中，最重要的，還是累積足夠的實力。在上海交大念書時，對開弘來說，重點不只是可以取得更高的學位，而是他在進修時，認識更多新朋友，這些人都是企業主，或是企業高階幹部，包含他在內，就有 5 位台商。此外，在人生視野方面，

中國當時的兩大盛會，開弘都躬逢其盛，一個是 2008 北京奧運，一個是 2010 上海世博。當身歷其境，那種感覺是非常劇烈的，他那時就真正感知到，中國的經濟已經完全追上來，並且凌駕台灣了。

　　而就在開弘視野越來越遼闊的同時，他所在的公司，也正暴露出經營者的眼光比較短淺。當時開弘明明在經營上繳出亮麗的成績單，但總公司那邊，卻只是公布一下成績，並沒有實質上給予開弘任何的金錢鼓勵，沒有加薪也就算了，連基本的獎金也沒有。在那一年還發生一些事，例如有一次，有個客戶已經積欠公司貨款長達半年以上了，包括集團業務部的主管跟廠長花了好多心思跑好幾趟，都要不回款項，後來換開弘出馬，一兩個月，對方就付款了。但事後，業務部主管連聲道謝都沒說，廠長也只是講些場面話。類此種種，讓開弘覺知，又到了換跑道的時候了。

　　在本書出版 2020 這年，開弘的事業有了新的境界，過往是

在電子科技產業，現在卻投注心力在長照事業，同時也投資餐飲事業，他的身分已經不折不扣是個老闆。並且是事業擴及兩岸的商業領導人。

💬 如何評斷轉換跑道的時機

看了開弘的故事，我們看到一個不斷轉換跑道的人，但他每次的轉換，都讓他進階到更好的境界。歸納開弘在人生關鍵時刻，協助他做轉職的重要評斷依據：

一、我在現在這家企業，再往上發展，會碰到什麼狀況？

1. 無法再往上了，因為我實力不足。

2. 無法再往上了，因為制度有問題（只有家族成員才能升遷，或者企業流動太小，好比上市公司可能高階主管職位很少變動。）

3. 可以再往上，但我卻看到危機，可能這個產業面臨淘汰，可

能這家公司無法善待員工。

4. 最理想的狀態，是這家企業還有很大發展空間，足夠你託付一生。

二、企業本身沒問題，你也足以勝任，依然有其他考量：

1. 我的人生還需要學些什麼？這些在這家公司學得到嗎？（例如，我想要進階管理領域。）

2. 目前很好，但我發現有一個更好的機會，並且我也可以勝任，那麼比較後，我還是願意嘗試其他可能。

三、在考量前二者時，當然也要評估風險：

1. 我有經濟壓力，若轉型失敗，後果不堪設想。

2. 我不是一個人，還有家人小孩要顧，做事不能太理想化。

大約總結前面三點，才能判斷是否該轉換跑道。

以開弘來說，他後來人生有了更進階的發展，包含如今他有多重身分，他是多家公司的股東，在中國福建有自己的餐廳，在台灣，也和妻子合資開了一家素食餐廳。而且他投資理財有成，在海內外都有房地產。主力的創業規劃，則是他和妻子合作，要創立台灣最大的銀髮養生村，他的妻子是資深的護理專業人員，是醫療機構護理長出身。夫妻倆一個懂專業，一個懂管理。如今結合時代趨勢，加上相關投資方還有專業醫師團隊、社工團隊參與，開弘的長照事業願景可期。

　　這裡也還有一個插曲，這許多年來，開弘與妻子因為關注長照，經常做善事助人，他經常感覺到，冥冥中有一種上天的指引，要說他感動上天也可，說他太敏感也可，總之在現實生活中，他感受到很多奇蹟。

　　例如 2020 年初，亞洲最大的新聞，就是中國武漢肺炎肆虐，到了後來，因事態嚴重，許多城市封城，兩岸飛機也停飛。然而，原本開弘在 2019 年底就規劃 2 月初要去福建餐廳處理一些

重要事情，過程中因緣巧合地，他忽然在 1 月 13 日至 20 日間有空檔，且巧的是，那時間原本因應台灣選舉，機票非常難訂到，開弘卻很順利地訂到機票，如期完成在福建該辦的事，也恰巧他飛機回台後不久，武漢肺炎危機讓兩岸交流卡住，也就是說如果當時沒有這機緣他提前去福建，可能後來他就無法去處理這件事了。對此，開弘也感恩上天給他這種福報，他也鼓勵年輕人平日多行善，多積德。

這些的成功，其實都是植基於過往以來，不斷轉換跑道不斷累積實力的基礎。當然，即便創業了，擁有不同的事業。未來的路程，想必還是會有很多挑戰，就算是創立的事業，也還是會碰到轉型的考驗。

這世界就是不斷在變，人們也要跟著變。

變，才能迎向更好的未來。

築夢者心法

💡 **思維探討**：如何結合自己個性，讓自己賺錢圓夢。

✏️ **築夢銘言**：學習，有兩個關鍵，第一，先認識自己。第二，再依照自己的特質找到最佳學習的切入點。

要圓一個
讓媽媽過好日子的夢

陳靜芬

　　靜芬有一個夢,想要帶母親去環遊世界,從前,還只是個 22K 上班族時,無力負擔。後來工作多年,逐漸累積一點點積蓄,想陪媽媽旅行,但媽媽仍告訴她,媽媽忙,沒那麼想出國。其實靜芬知道,媽媽只是心疼靜芬賺錢辛苦,捨不得讓女兒把錢花在她身上。

　　眼看媽媽頭上白髮漸多,行走也不若以往便捷,靜芬有時感到無力感,恨自己為何不能多做點什麼?為何經歷多年的摸索,她仍在不同的生涯選項掙扎?

　　相信她的成長焦慮,也是許多社會新鮮人,當從零經驗開始入社會成長到 30 歲時,一路內心糾葛的問題。怎麼突破呢?世間有許多的書籍,有成功人物的勵志傳記,但似乎太高遠;創業有成的成功模式有幾個做得到?或者各種業務行銷學,這倒是可以在許多領域派上用場,但終究人生該如何突破,如何化理論為實務?很多人仍困在一種不上不下的人生困局。

　　這些年來,靜芬以她自身的經歷,逐步找到一個答案也提出來與讀者分享。

💬 心中的那個聲音

幾乎少有例外，一個不完整的家庭，總是帶給下一代成長記憶中或多或少的陰影。靜芬成長在觀念保守的南部鄉村，家族非常明顯的重男輕女，在家中排行老么的她，上面還有 3 個姊姊。或許因為生養都是女孩，帶給父親外遇的藉口，總之，在她還小的階段，就感受到家中的風風雨雨，平凡的家有了第三者的介入，甚至事後回想，她還曾在稚嫩的年紀，陪著爸爸和「另一位阿姨」帶她去超商買東西，一點都沒想到，當時媽媽正蹲在家裡的房間痛哭著。

直到接近中學時期，父母正式離異。靜芬也透過陪母親聊天，了解母親更多的傷心痛楚，靜芬內心有很大的不捨，一心想著如果自己能力足夠，就可以保護母親，讓母親過更好的日子。但想歸想，現實是現實，靜芬覺得自己只是個平凡沒什麼專長的女子，也沒什麼資源背景，住在偏遠的嘉義，似乎也沒什麼發展機會。父親後來去大陸工作，看起來好像有一點成就，

但當然不能再把未來寄望在父親身上。但到底該如何呢？才十幾歲的年紀，靜芬內心其實已歷經滄桑。

家庭因素造就靜芬複雜的個性。念幼稚園的時候，她因為實在太怕生了，離不開媽媽，所以只念到中班就回家，沒有正式畢業。國小時，也總是畏畏縮縮躲在角落，不太敢與其他小朋友互動。但到了中學時代，卻個性大翻轉，成為一個正義姐，當時在學業成績方面，為了減輕家中負擔，靜芬積極爭取獎學金，很拼命讀書，所以成績名列前茅。但這樣的「好學生」，卻選擇不和班上「主流」唱和，當班上有少數人被霸凌排擠、刻意冷落，靜芬勇敢選擇和這些非主流同學交朋友，自願讓自己成為少數掛。

有時候，她內心有種強烈的對抗意志，覺得大環境對我越不好，我就越要拚給你看，也由於靜芬護著那群學生，而她本身是被師長看重的好學生，這也多多少少減少了班上霸凌的風氣。這個階段的靜芬，其實在正義感的背後，內心裡也在思考

著，所謂「人際關係」是什麼？與人為善，以和為貴，代表的是什麼？要成為人緣很好的人以後才能賺大錢嗎？如果總是陪著邊緣人，自己是否也會被邊緣化，影響將來的生涯路？這些都是靜芬在學生時期腦中停不下來的思維，相信也是許多現代年輕學子，成長過程難免會有的焦慮。

在年少輕狂時候，靜芬也會叛逆，她也學人家抽菸騎機車，在某個人生時刻，她可能就這樣一路沉淪，但終究，她內心有個永不變的聲音，總是告訴她：「別忘了，妳將來長大要給媽媽過好的生活。」這個聲音，讓她不忘記繼續認真念書，加上遇到好的老師，所以，她並沒有走入歧途。

初入社會的沉澱期

生命中，總是需要有人來引導。這是靜芬自己的經驗，以及後來讀了很多書之後的體悟，包括不同領域的企業家名人，在功成名就前，往往也有導師貴人的提攜指引，或在關鍵時刻

拉他們一把。回首過往，靜芬總是心存感恩，她這一路走來，真的也碰到很多「拉她一把」的貴人。高中時代，當徘徊叛逆時，有個老師殷殷教誨，苦口婆心拉她回頭，最終完成學業，讓她考上了台北的大學。後來生涯的不同階段，也陸續遇到不同的貴人，讓她得到轉型或人生教訓，對靜芬來說，**就算是較負面的體驗，只要「學到」就算「得到」**。

生長在嘉義，考大學時卻選填台北的志願，就是想要到大都市去闖蕩。但儘管用功念書，有了大學文憑後，靜芬仍只是個平凡的大學畢業生。當時未遇到明師，也尚找不到人生方向，加上捨不得家人。所以，她還是回南部，以她的實力，第一次面試就有了工作，只不過如同當年報上經常報導的：年輕人一畢業，薪水就只有 22K，靜芬當時就正是典型的 22K 族。與其說找到工作，不如說，她只是先找個環境讓自己沉澱。

當時她面試的公司，本身就是標榜「挑戰」的公司，那是一家辦公室位在雲林的探索教育訓練中心，專門從事各類探索

運動，諸如攀岩、垂降、滑降等，那是她人生很重要的一段沉澱期，以收入來說，非常的微薄，但內心裡，她卻經歷著種種翻騰，愛因斯坦說：「人因為夢想而偉大」，那段日子裡，平凡的靜芬卻有不平凡的夢。這也是靜芬想給年輕讀者的建議，當人生路上尚無方向時，不妨找個可以兼顧生計又能讓心靈沉澱的場合，心靜但蟄伏著夢。

就這樣，20 幾歲的靜芬，繼續工作，她堅信著，不論未來該如何，至少現在我應該把手中的工作做到最好，也因此，雖然公司經常人事異動，但 3 年來，靜芬都堅守本分，後來還逐步接管其他人做不來的事，真正成為大內總管。靜芬知道，她仍還只在沉澱期，但不能永遠等待，這時候她生涯中一個重要貴人出現了，她學生時代的好姊妹，從國中、高中到大學時代，都同校的 Flower，有一回，假日從台北回鄉，約靜芬碰面，引薦她一個新事業，於是靜芬看到生涯中的一線曙光。

💬 從南部到台北發展的轉機

傳直銷是熱絡的行業，現代人身邊應該都有幾個朋友正在從事傳直銷的工作，很多人以正職或兼職身分參與。但當時 20 多歲的靜芬，在雲嘉地區，之前卻都沒有正式接觸過這個產業。當 Flower 找她時，她看到一線曙光，因為她發現到一條有別於上班族領薪的道路。過往以來，靜芬所知道一個人要從無到有創造財富有兩種方法：一種是自己創業（包括擺攤開店也算），一種就是在某個領域成就高峰（好比在一家公司高升到總經理位階）。但這兩種方法，靜芬自忖，以她的能力及個性，暫時都做不到；所以，她一直感到受困於家鄉，但傳直銷的工作模式，讓她看到，原來還有這條路，可以更彈性的創造財富。

當然，靜芬還有生計要顧，她再怎麼有夢想，也知道，傳直銷看似有豐盛的未來，但初期會有段坎坷的打拼路，為此，她還是得有份正職工作，無論如何，她已經確定要加入這個新事業，當時很幸運地，大學好朋友的公司有職缺，她投了履歷，

因為在學生時期及南部工作的成績履歷，讓人欣賞，於是很順利的獲得面試機會，並且一試就中，辭掉雲林探索教育訓練中心的工作，北上台北，白天在一家貿易代理商公司工作，晚上及假日，就投入傳直銷商品經營。

　　靜芬能夠快速錄取台北工作還有一個原因，原來，靜芬平常除了認真工作，下班回家陪媽媽外，她也花了很多功夫在學習進修，包括勤讀各類商業書籍，上各類課程，業餘時間還進修韓文，他後來錄取的公司，正是國際知名品牌三星集團在台灣地區合作貿易的總代理商。所以，勤學終有助益，生涯中自會派上用場。此後，靜芬到台北發展，進入人生新的歷程。這時候的她，依然是個平凡上班族，依然無法有能力帶媽媽去旅行。她還在努力突破中。

投入忙碌的上班族行列

　　當時 26 歲的靜芬，就在台北內湖科技園區工作，從最基層

的業務助理幹起，兢兢業業努力付出，一轉眼，經過了 7 至 8 年。這之間，靜芬靠著薪水開始存了錢，她想帶媽媽出國，但媽媽總說不要，因為媽媽知道，靜芬仍只是個月薪 3 至 4 萬元的上班族，台北居大不易，光吃住費用就很花錢，她要靜芬若賺到錢就自己好好存起來吧！

就這樣日子一天天過，靜芬坦承，那段日子，工作繁忙，她秉持著魔羯座的個性，事情到她手上，就要做到最好為止，因此，後來總經理看重她，賦予她更多重任，讓她兼任管理部的事務，甚至擔任人事專員。經常她還會站在台上佈達命令，或者擔任公司內部小老師，分享新知。而有些韓文底子的她，也經常參與韓國三星總部來台會議的接待，總之，就是忙得不可開交。她的體力精力都在白天耗光了。

讀者可能好奇：當初明明是因為傳直銷事業才轉赴台北，為何這部分反倒沉寂了呢？其實沒有沉寂，但的確需要時間累積；靜芬後來發現，這也是許多年輕人會碰到的問題，一般來

說，時間管理分 4 大部分：「重要且緊急」、「重要但不緊急」、「緊急但不重要」、「不重要也不緊急」4 類。但大部分人習慣性地，忽略「重要但不緊急」的這一項。靜芬自己就是這樣，她每天最緊急的，就是處理白天的各種即時事務，其中很多都是緊急但不重要的，都是公司每日例行瑣事。但回歸到人生，靜芬自己也知道，如果要達成她的夢想：「讓媽媽過好日子」，這才是最重要的事情。

知道歸知道，但日復一日，起床後一連串忙碌的作息，就逼著人們進入工作繁忙的轉輪，根本無暇顧及其他。關於傳直銷事業的經營，還是得經過貴人指引。只能說，在這麼長時間的白天工作，晚上兼職的期間，靜芬的事業進展有限，她的收入來源主要還是靠白天上班的薪水，晚上的傳直銷事業只是維持不中輟，至少每週該上的培訓課以及見證會都盡量到場，僅此而已。

轉型，仍有賴導引。

一次失敗的學習嘗試

在傳直銷產業，導引的人真的很重要。靜芬後來發現，許多人在這行業做出成績，絕對都跟上頭有明師指引有關。引領靜芬進入這產業的好友 Flower，她本身跟靜芬一樣，也是兼職的角色。經營直銷產業，自我管理及自我提升相當重要，同時若要更上一層樓，肩負該使命的除了自己，制度體制上的直屬主管也是帶領前進很重要的教練。在不同公司有不同稱呼，但這裡簡稱為「直屬上線」。

靜芬碰到的第一個直屬上線，雖然也很本分的指導她從事這行業應有的技巧，但當時靜芬不知道是自己無法開竅，還是上線經營做法或領導風格無法契合，靜芬就在傳直銷這條路上發展停滯不前，同時，她的賺錢夢想，也有了阻礙。大錢沒有，簡單的儲蓄還是有的。於是，直屬上線善意指引一個知名的心靈科學神教能量提升課。追求成長意志堅定的靜芬，毅然決然的就去報名。那也讓她得到一個教訓：凡事還是循序漸進比較好。

為何這樣說？原來這個知名的心靈科學神教能量提升課程，本身的確可以幫助很多人改善工作及生命態度。但問題在於，並非從初階一步步爬起的靜芬，當時直接參加中高段班，去體驗強大能量。為此，她還飛去美國，在春節期間加上請假，為期長達一個月，在郵輪上及另一高級機構學習。花了數十萬的成本，那樣的課程能量真的很大，當時靜芬也真的有些感動。然而，就好比少了穩固地基的建築，無法撐起越來越高的樓層，上面高高的美輪美奐的大樓，一下子就因地基坍塌，整個崩毀。以結果來說，靜芬只有在學習當下，有過亢奮上進的激情，但回歸到現實生活，卻無法充分契合。最終，花了那麼多錢卻對生活及事業沒有太多幫助。靜芬在傳直銷領域仍沒做出成績，白天工作則繼續日復一日的忙碌，領著固定的薪水。突破，看來仍只是曇花一現。

找到開啟那扇門的鑰匙

　　日後，靜芬有機會開始上台和學生分享，提起這段經歷，

她會強調，不是說學習是錯誤的，但學習，有兩個關鍵：第一，先認識自己；第二，再依照自己的特質找到最佳學習的切入點。當初，郵輪高階能量及另一高級機構的學習，感覺上，就好像一個中學生，卻去大學聽研究所碩士班的講課，也許仍能聽得懂一些觀念，並且感到興奮。但終究與正統學習脫軌，效果大打折扣，甚至失去效益。但接著該怎麼辦呢？如果都已花數十萬投資自己，最終仍無法改變人生。似乎逐夢之路越來越無望。

後來又是貴人出現，其實這貴人一直都在，只是過往不是直接面對。原來後來經歷過一段時間，靜芬原本的直屬上線，因為自己的生涯規劃，改行去經營自己的店面。這時換了更高層，已在公司位列黃金董事位階的貴人宏杰，在他的領導下，靜芬終於確認，不是自己能力有問題，只是過往學習不得法門，在宏杰的帶領下，靜芬過往沉寂 4、5 年都沒什麼成績，卻在設定目標後，短短 3 個月，就達到業績突破，讓她攀升到董事的位階。

以這家公司來說，一般正常來到董事位階的人，常態月入大概可以7至8萬，當然，靜芬覺得自己仍有很多要努力的地方，初始擔任董事，收入還要待加強。但總之，已經可以逐步超越一般上班族的月薪水了。

　　宏杰到底做了什麼呢？**靜芬覺得最重要的一件事就是：踏實**。宏杰不會好高騖遠的為你編織百萬千萬大夢，不會連面前一碗牛肉麵都吃不起，就在跟你談哪天去101頂樓吃豪華大餐。如果當初是宏杰親自領導，就不會鼓勵靜芬在還沒打底前，就花數十萬去參加能量高階課程。宏杰強調，企圖心很重要，但太多人落得眼高手低。如果太高的志向，最終只落得讓自己先變成大老的心態，那還不如先不要想那麼多，把交辦的事一件件確實完成。就是那麼簡單。不要先喊什麼要賺幾百萬、幾千萬，先從今晚你是不是真的有打3通電話做起吧！

　　這就是宏杰的領導方式。其實剛好也符合靜芬魔羯座的個性，她本就是做事認真負責，在白天公司很被看重的人，為何

轉入傳銷產業，卻變得浮誇不踏實了呢？一個人如果不能依照自己本性來做事，那當然無法充分發揮本身實力，成績不佳，也是當然的。接受到新的啟發後，靜芬就好像摸索多年，卻苦苦找不到鑰匙的孩子，一旦找到了，她就很興奮地開啟那扇門。如今，她又對傳直銷產業充滿希望。

找到突破的關鍵

因為找到對的導師，因為找到對方法，靜芬又重新接軌回圓夢的路。不可否認地，從 20 幾歲到步入 30 歲間，靜芬太讓自己投入制式的工作軌道，原本心中有夢，但不知不覺在忙碌間，成為都市機器的一環，為了眼前即時的工作，逐步忘了曾有的那個夢想。但也因為靜芬的夢想真的很強大，如同她在中學時代處在叛逆邊緣，也是那個夢想拉她回來，如今身為忙碌的都會現代人，也是那個夢想，讓她就算再忙，午夜時分，也會清醒的記得：她承諾過，要帶給媽媽好的生活。

雖然過年總會包大紅包給媽媽，但這離她夢想還很遠。經過宏杰上線的指引，靜芬突破了人生一道關卡，靠著踏實及聽話照做，她達到傳直銷事業的一個位階。但從這一關到下一關該怎麼做呢？靜芬知道，她需要另一個導師，靜芬必須再向外求資源。就這樣，靜芬持續努力有機會就去上課，她用心吸收了包括心靈成長、業務行銷等的課程。但都尚未帶來大的突破，直到有一天聽到林裕峯老師的課，大大啟發了業務魂。並且她從裕峯老師學習到一個重要事業拓展的關鍵，就是公眾演說。

以靜芬來說，白天有正職，只有夜晚及假日有空投入傳直銷的人來說，一個晚上及假日能跟多少人見面說話？包括邀約、交際以及正式介紹商品，還包括服務原本的會員以及各種客服狀況處理等等。實際上，根本一個星期談不了多少案子。時間的流逝是驚人的，原本 20 幾歲加入，看起來也是一轉眼間，靜芬也年過 30 歲了。回首過往 7、8 年，真的接觸的新朋友並不多。如同大師曾說：「**我們別指望依賴昨天的方法，今天照做，就可以呈現不一樣的明天**」。必須要轉變，而公眾演說正是關鍵。

靜芬在跟林裕峯老師多方學習後，知曉公眾演說，也就是「一對多」的超級魅力。如果我的專業，一晚上只跟你一個人分享，那我的經濟效率只有 1，事實上，經濟效益有可能是 0，因為那位你分享的人後來還是決定不買。一晚溝通白費，時間浪費。但一對多，可以讓效率呈現倍數，就算一晚上只跟 10 個人分享，並且就算成交率很低，只有 10%，那結論也一晚至少有一人成交啊！公眾演說，確實是個突破業績低迷的重要關鍵。

帶母親出國圓夢

　　如今，靜芬漸漸知道自己該走的方向，她確實喜歡這個傳直銷事業，雖然大部分時間花在白天上班的工作，但就算純粹當個消費者，她也清楚明確知道，公司的商品，對人是有幫助的。這也是她願意選為終身生涯規劃的原因，東西好，才能賣一輩子。

　　回顧成長以來，靜芬的心中其實就懷抱著成功的夢想，骨

子裡流著一定要成功的血液，當然成功有很多層次跟面向，她想要的是讓自己可以有所成就，不僅僅只是一個平凡的上班族，不單單只是把工作做到完美，然後成為老闆心目中優質職員的那種成功而已。而是：**她要讓自己的人生道路上有很大的突破，讓平凡的現在創造出非凡的未來。**

靜芬始終相信給父母最好的禮物是榮耀，她的成功必須與父母的白髮賽跑，父母在等著她成功，在等著靜芬榮耀他們。記得有一次放假回嘉義，一邊與母親吃著她下廚的美味午餐，一邊聽著母親歡喜地稱讚朋友的兒子多有成就，其實靜芬都可以感受到那一股羨慕的氛圍在圍繞，空氣沒有凍結，但她的內心其實已從感受溫暖熱度降到瞬間冰點。靜芬問自己，為什麼母親這個歡喜談論著的主角不是她？雖然她知道母親不是看輕自己的孩子，但靜芬告訴自己，如果自己也可以成為母親朋友口中談論的成功者，讓自己也可以是母親的驕傲，那畫面真的是太棒了，對！這就是她想要的！

靜芬很感恩，覺得一生當中都是在尋找自己的過程，而當她的人生遇到瓶頸時，總會有貴人出現，點醒她的迷惘，拉她一把，讓她的人生多了點精彩及可能性。如今，靜芬與超越巔峯商學院有了合作的關係，讓她的格局變得更大更寬闊。在未來，她不只是要實現人生目標，同時也要創造紀錄寫下人生的傳奇故事，與超越巔峯商學院一起傳遞愛一起幫助整個亞洲、台灣，被全世界看見。在未來，靜芬會成為亞洲的國際知名講師、擁有屬於自己的公司、成為上市公司的股東、與超越巔峯商學院一起拍部屬於自己人生故事的電影，一起登上北京鳥巢 10 萬人舞台，實現自己在人生當中有著非凡成就的夢想，秉持著感恩的心與父母親、家人及超越巔峰商學院，共享這份驕傲與榮耀。

　　而關於助人築夢，靜芬則會特別聚焦在健康美麗的部分，因為她相信一個人要有健康的身體，一切的成功才有意義。至於美麗，則會帶來自信。未來，藉由公眾演說一對多的影響力，幫助更多的人。

相信本書出版的時候，她已經可以大聲的跟媽媽說，「媽，我現在真的有能力帶妳出國旅行了。準備好行李箱，我們明天就去搭飛機吧！」

築夢者心法

思維探討：對藝術的堅持，若和現實生活衝突，該如何折衝
平衡？

築夢銘言：我不敢說自己是好老師，但我絕對有義務扮演好
「音樂教學」的角色。我要讓孩子們的學習，真
的可以「帶著走」。

這是我堅持的
音樂之路

陳紀遠

夢想可以各式各樣的形式來區分，和藝術相關的夢想，諸如音樂、繪畫、以及各類創作的夢想，是比較難以定義的。非藝術領域的夢想，不論是賺大錢、環遊世界或帶給家人幸福等等，都比較好有個評估準則或數字。但關於藝術，怎樣算是圓夢？好比抽象畫作，有的可以在蘇富比拍賣競標以天價賣出，畫家可以圓夢致富，但多數人依然看不懂畫的奧妙；有的則被認為只是沒價值的塗鴉之作，畫家終其一生，窮困潦倒。繪畫，非專業人士難以判定價值；音樂則更是多樣複雜，琅琅上口的流行樂不一定上得了國家表演殿堂，格律優美的傳世古典樂，大部分人又聽不懂，還有鄉土音樂、地下樂團、在地方言譜唱的小調……等等五花八門的音樂類型，各有所好，卻也多數人可能似懂非懂，反正只要好聽就好。身為一個音樂人，該如何在傳世經典與商業生存間求得平衡呢？深耕音樂土壤 20 年的陳紀遠，和我們分享他的經歷。

🗨 音樂人的出路

音樂人該如何決定未來？其實不談理論，光看現實情況，音樂科班出身的陳紀遠，他的同學以及學長學姊們，畢業後最常走的兩條路：一個是走上教職，也就是在校擔任音樂老師，或者加入音樂補教事業；另一個則是把音樂當成「喜好」，但尋求其他職業以求溫飽，多半成為茫茫上班人海中的一員。從小就堅持要走音樂這條路的紀遠，自然不會選擇脫離音樂軌道的其他職涯。但若投入教職，卻也非他所願，因為教育是一件神聖的事，雖然也可以和音樂結合，但畢竟目標不同，「音樂人」就是要創作更好的音樂，這和「教育人」將焦點放在如何作育英才，是不同的概念。

現實是殘酷的，科班出身的音樂人，真正能把音樂玩得功成名就的，非常有限，相較其他行業，差距懸殊，對比企業界，頂尖的企業家，可能身價上兆上億，這樣的人有成百上千；境界稍低一點的，身價一兩億者，數量就多些，更不濟，只是普

通的中小企業主，生活也至少算得上小富，環視身邊周遭應該非常多；但以音樂界來說，頂尖音樂人，也有上兆上億的身價，人數很少，而往往只要沒攀上音樂趨勢或者無法抓住流行，可能就只能成為普通的音樂工作者，收入有限。甚至很多是連生計都有困難，真的單純要靠音樂是難以餬口，就好像很多家長告訴小孩的那句話：「學音樂，可以當飯吃嗎？」這也是紀遠一直以來的困境。

他有夢想，但他的夢想，那個關於音樂的夢想，天生就被植育在一個向上發展很困難的土壤。最終，他多多少少仍需和社會現實妥協。現實世界，比較需要教師，至於創作者，際遇差別很大，無法被視為安穩的未來。所以，紀遠終究還是要走向學術路線，化身為教育人。如何在身為教育人的同時，又不忘自己音樂人的身分呢？這就是紀遠要自我突破的地方。

🗨 音樂的大千世界

學生時代在花蓮師院得到音樂啟蒙，紀遠對音樂並沒有設限，他本身除了正統的音樂科班教育主修的古典音樂外，一年級下學期還跟歸國名師學習流行音樂，另外又去外面進修爵士音樂。他的老師，是台灣音樂界觀念很先進的人，在很早的年代，就跑去美國，拓展更寬的國際視野，把音樂的多樣面向融會貫通。如果把「音樂」拆解開來看，其實就是節奏、和聲和旋律，但卻可以變化出億萬種樣貌：古典、流行、爵士、民謠、嘻哈……每個類型的音樂相應於另一種音樂，都似乎是另一個廣袤的全新國度。這實在是太神奇了，學生時代的紀遠當時就深深的著迷於音樂世界。

然而，在這世上，音樂人跟一般非音樂人，似乎看起來是兩個不同國度的人。就音樂市場來說，流行音樂是主流，人們愛談周杰倫、蔡依林、五月天，其實所有流行音樂的基本元素，兩、三百年前，音樂家巴哈的年代就已建構完成，流行樂只是

植基於這樣的基礎，善於抓住人心變化的天性，懂得花樣炫技。

　　就古典樂來說，可以連續重複 4 個小節，甚至 20 個小節，但流行樂則講究不斷變化和弦。紀遠比喻，古典樂就像是一個正統純潔高雅的純白色系，追求技巧乾淨度及闡述的意境，相對而言，流行樂就強調變化，可能先是白色兩秒鐘後變黃色，又短時間轉藍色，整體來看一團鮮豔，抓得住年輕人的心，但無法深入追求永恆。

　　紀遠覺得音樂本就沒有什麼對錯，任何人都不能以偏概全，但若要追求音樂的全貌，他希望至少讓民眾可以用更寬廣的視野看待音樂。就算是古典樂，也可以被解構成流行的感覺，就如同流行樂也能編曲成為一首古典樂。無論如何，紀遠感受到音樂超越時間與地域的美，但這樣的美，不是一般人可以體會，音樂的傾聽也需要技巧。而紀遠覺得，如果必須從事教育，那他會想要透過教育的路程，把他的音樂理念結合進來。

就這樣，離開學校後，紀遠曾經漂泊不定，只能純以感受世界的方式，繼續研習音樂。如果迫於生計需要，他還是會回歸校園，以代課老師的形式，從事教育工作。由於，畢業於師範學院，資歷本來就足以勝任小學的音樂老師。小學生，當然也需要懂音樂，畢竟，所謂「學音樂的孩子不會變壞，氣質要從小培養起」。可是，終究還是 10 歲上下的年紀，不可能傳授音樂廣博的大道理啊！如何結合音樂的理念與小學的音樂教育，這是紀遠教育實務工作上的難題。

💬 小學表演一戰成名

不論如何，紀遠總要去嘗試。他的上課方式完全不同於過往的音樂老師。常見的教學方式，就是老師上去彈彈琴，全班帶動唱，一學期教唱幾首歌，然後，學期末來個成果發表會，學生台上高歌，家長們就在台下拍拍手，年復一年，大部分學校都是如此行禮如儀地教授音樂。相信許多的讀者們，學生時代的音樂課內容應該也都是如此，大同小異；到了中學時代，

音樂課還常被「借用」，變成名存實亡的假學分。某一年，紀遠老師臨時被永吉國小徵調，要去擔任音樂代課老師。他是從下學期的課開始承接，也就是說，再過兩三個月，學生們就要做所謂的「成果發表會」了。紀遠印象很深刻，當時真的很克難，學生們對音樂根本一知半解，甚至以為音樂反正就是唱唱歌就好。但紀遠不喜歡和稀泥，他希望只要他帶到的班級，多多少少都要播下音樂的種子，3個月當然無法做到什麼，但至少讓孩子們跳脫錯誤的音樂觀念。

那一年，紀遠帶領學生，組成一個跌破眾人眼鏡的管弦樂團，說是管弦樂團但實際上非常克難，首先，紀遠把學校原本許多堆棄倉庫不要的樂器，紛紛搜羅出來，自己則從家中也貢獻出如小提琴等珍貴的樂器，讓孩子們一起使用。雖然無法一下子就讓孩子懂太複雜的古典樂曲，但他成功地把原本嚴肅的樂理，轉化為比較流行的感覺，學生可以輕易入手，家長們也會喜歡。說實在的，當正式演出時，學校並沒有特別重視，畢竟大家都知道成果發表會，年年都只是形式，結果到場的人並

不多，大部分家長甚至都沒出席。然而，所有出席的人，當天都感到非常驚艷，沒想到會在小學看到那麼專業的演出。這風聲傳了出來，許多家長們紛紛詢問：「可不可以再舉辦一次」？

這算是一戰成名，校長也特別跟紀遠表達感謝之意，可惜紀遠只是一學期的代課老師，若能長期投入音樂教育，對學校會有更多的影響力。但紀遠終究還是喜歡音樂創作，他知道當時的表演只是一時的鋒頭，那些孩子之後沒有經歷系統化的培訓，終究還是無法建立成熟的音樂觀念。還是老問題，專注音樂之路，以及培育音樂英才是兩條不同的道路，年輕時的紀遠，依然選擇以音樂創作為主，代課只是為了生計。

無奈的音樂界隱者

音樂這條路雖然不好走，但紀遠深引以為傲的，他自始至終，從來沒有放棄這條路。眼看著音樂同道中人，一個個為現實放下音樂，或者把音樂綜藝化、商業化，但他仍堅持著追求

音樂創作的夢想。

　　但他也強調，專注音樂，不代表就只能聚焦於一點，以為就是要變成古典樂專家或爵士樂專家等等。紀遠認為，真正的音樂人，要非常用功，不只是專注於自己本來修習的領域，更要經常觸類旁通，對社會脈動非常了解，才不會只能做出孤芳自賞的音樂。太多的音樂人，走著走著走進死胡同。就連曾經一時成功，好比說已出了兩三張專輯的創作歌手，都可能因為永遠老調重彈，逐漸失去聽眾，終究被舞台淘汰了。

　　其實，再嚴肅再專業的主題，也需要變化。紀遠常舉的例子，流行音樂天王周杰倫，其實也是要先有古典樂當基礎。紀遠很少跟其他人說過，當周杰倫出道的年代，自己也曾有步入樂壇的機會，後來，因為合作條件沒談攏，無法繼續下去。關鍵還是在於紀遠對音樂有自己的堅持，不輕易妥協，在這純商業化的社會，很難面面俱到。

紀遠寧願回歸自己的節奏，許多時候白天就去學校教課，晚上時間就用來研習音樂，市面上其實也有不少曲子，原作就是他，但不嫻熟商業規則的紀遠，總以音樂就是要分享的達觀心態，不計酬無償地讓作品被人使用。

然而，有時候午夜夢迴，打開收音機，聽到當紅的搖滾女藝人，正高聲唱著以他原始創作的曲子做改編的歌曲，想著，那些藝人過著富裕的生活，他卻永遠是默默無名的音樂落魄人，心中不免感到些許落寞。因此，在紀遠 20、30 歲的青春歲月裡，他感覺自己像是被放逐的才子，不想與世界同流合汙，後果就是世人放棄他，他也不屑爭搶那些注目焦點，管他是否當紅，他繼續當音樂界的隱者吧！這聽起來有些無奈，但身為想純粹靠音樂過生活的人，這就是不得不面對的生活現實。

用心教學與體制的隔閡

音樂創作之路大不易，那結合教育，會對實現夢想有所助

益嗎？紀遠雖對音樂結合商業的現實感到失望，但只要他在學校擔任教職時，他一定毫不懈怠地付出，甚至都有老師好奇，教音樂有需要教得這麼用心嗎？這也讓紀遠在學校跟很多老師互動時，顯得有些格格不入。

人家是撥空讓小孩衝刺跟未來升學有關的國英數等學科，但不會有人想「衝刺音樂」的。但在紀遠的音樂課，他非常專注與投入，好比說必須期末排演，那他就會抓緊時間，哪怕下課 20 分鐘，甚至是午休或早自習，他都會抓著學生，不斷的練習。他的音樂課本，也不是學校制式的版本，他不做照本宣科的事，說實在的，學校的版本，他認為根本不能帶給小孩真正的音樂教育。紀遠只好自己熬夜準備教案，準備自己編寫的譜。許多音樂教材，在市場上也不可能買到，所有音樂教育備課的資料，紀遠都得自己來。其實，已經很多人跟他說，如果紀遠能夠投入音樂教育，絕對會有一番成就。但對紀遠來說，每一次的任務，他都會全力以赴，但那只是一種責任，並非他的志向。他的志向，依然是音樂創作。

凡付出必定會有收穫，原本紀遠只想做好他的本分，但每次的成績都非常亮眼，在學校總是掀起話題。以紀遠的工作來說，他只是代課老師，所以若有大型活動，好比說學生成果展演，都還是要有正職的輔導老師協助督課。

　　有一回，帶領小學四年級學生做表演，那回校方本來有事先要求全體音樂老師要到場觀摩，其他科任老師若沒其他事也盡量到場。為此，紀遠還慎重地準備了 50 多張貴賓椅，但實際上，當天也只有那位輔導老師來，其他老師都沒到。那位輔導老師當場看到成果展演，感到無比震撼。他不僅看到演出的精湛，還看到紀遠和孩子們的互動方式，一般音樂課，學生都唯恐被點到名，害怕站起來唱歌。但在紀遠的課堂上，師生間互動熱鬧，紀遠提出一個問題，學生們紛紛舉手搶答。

　　這次演出後，這位輔導老師同時也是學校的管理階層，就不免指責其他老師為何不像紀遠那麼用心？結果，紀遠本來只是想做好份內的事，卻因為間接讓其他老師挨罵，大家反過來

怪罪紀遠是害他們被罵的禍首。這也讓他感到很無奈,這正是他不喜歡在體制內服務的原因,太多是是非非,他還是喜歡單純的音樂之路。

從誤會到認可

後來,紀遠也自我省思,他的音樂之路,坎坷不平,跟他的個性有關。他是個認真負責的人,但卻不善於溝通。紀遠自省,這是他必須調整的地方,否則音樂之路永遠都會被困住。

有一回,某個學校甄選代課老師,當時有兩個候選人,其中一位跟該校有點淵源,大家原以為那位被錄取的機會很大,沒想到最後卻是紀遠雀屏中選。因著這一層背景,當他到任後,紀遠明顯感受到,其他老師都對他疏遠,甚至於互動應對上也不是很有禮貌。人的心一有芥蒂,就不夠客觀。有一次,在音樂課堂上,紀遠有個學生,上課講話吵鬧,於是他要那位小朋友出來罰站,沒想到,後來引起軒然大波,原來那位孩子的母

親，正是該校的老師，這可不得了，變成是紀遠故意在找那位老師麻煩。紀遠並無此意，但該事件演變成風波，那位老師打電話來興師問罪。紀遠也只能重申，他沒有惡意，他只是正常管教。

事件過後，紀遠在學校的處境越來越糟。但無論如何，紀遠有他的堅持，他既然擔任音樂科目的老師，他就要做好他的職責，他依舊認真規畫期末的音樂表演。這回是結合爵士演奏，學校沒預算購買爵士鼓，所以想辦法結合不同的工具，幾個人合起來敲奏，最後也能演奏出爵士樂。這個表演，光練習的過程就很有趣，很有挑戰性，但學生玩得很開心，學生開心，自然也回家跟家長反映。其他老師，耳濡目染，後來也聽聞紀遠老師教學的認真以及獨特的上課方式。紀遠雖然不善於言詞，但卻以實際的成績，漸漸地讓老師們感動。

有一天，課堂結束，忽然聽說有位老師要請他喝咖啡、聊聊天。紀遠受寵若驚，後來更驚訝的，對方竟然就是當初因體

罰事件對他很不諒解的老師，雙方邊聊天，邊談教育理念。那位老師也認同了紀遠，並向他道歉，澄清了當初的誤會。再之後，其他老師也都紛紛主動來和紀遠問候，想聽紀遠分享他的教學方法。直到整個學期結束，紀遠必須離開，每個老師都還依依不捨表示，希望下回有機會，能夠再看到紀遠老師。

💬 讓孩子不會忘記的音樂能力

畢業後學生還會記得當初紀遠老師分享什麼嗎？在小學的音樂課，短短的時間內不可能教什麼高深的音樂理念，但紀遠還是努力不懈做好份內的工作。他說，他不敢說自己是好老師，但他絕對有義務扮演好自己「音樂教學」的角色。

同樣是音樂老師，也有很輕鬆的教法，好比說，今天可以開堂課，叫做音樂賞析，課堂上簡單介紹一下貝多芬的生平，接著整堂課就放音樂讓孩子們聽，老師可以輕鬆坐在一旁，翻閱自己的資料，而且老師也不會受到質疑，因為音樂賞析本就

是學音樂的過程，但紀遠就是不想這樣，他希望培養孩子「帶得走的能力」，就是說，老師終究會離開，但孩子們學到的東西，不能船過水無痕。紀遠就舉例，人家說九年一貫教育，明明大家都從小學，甚至更早的幼兒園，就開始學音樂，但結果到了中學畢業，你問一般學生，又有多少人可以告訴我們，什麼叫做八分音符？就算知道了，真正聽音樂時，也區分不出來。徒具形式的音樂課，展現出看似五育兼備的學校教育，實際上卻並沒有真正落實，這有何意義？

紀遠明白音樂課，只是滿滿課程表中小小的一堂，這不是音樂學院，也不可能傳授深奧樂理。取而代之，他用實作取代理論，當孩子們認真的玩樂器，準備期末樂團表演，在練習的過程中，將什麼叫節奏、什麼叫和弦等等樂理，融入他們的學習裡。紀遠的教學，先教節奏，用喜歡的東西讓他們感受，並且很強調一個觀念，叫做「類化」；就是舉一反三的概念，比方說今天教你古典樂的和弦，那改天聽流行歌曲時，例如聽到周杰倫的歌，是否也可以當下反射動作，這裡那裡，是什麼節

奏，什麼和弦？紀遠深信，這些能力，即便將來孩子長大了，都不會忘記。

🗨 音樂必須企業化運作

經過十幾二十年，邊創作邊去學校教學的生涯歷程，紀遠知道商業化依舊是音樂推廣不可不為的途徑。終於，陸續有商業知音人，主動找紀遠談合作。就在這些年，紀遠也與真正認同他音樂理念的人，正式合組了音樂公司。當然，為了生存，不太會有公司以「創作音樂」為唯一業務，絕對大部分精力，仍需擺在商業行銷上。所以公司的主體是活動公關，就是承接各種音樂專案，好比說各縣市的跨年演唱會等等，但在這樣的時候，就有機會可以結合自己創作的音樂。

當然若只是如此，也只不過是一連串的接案，以活動為主，音樂只是輔助表演的角色。對於創作，還需要有更多作為，這方面，紀遠也經常和其他股東深入談論。主要分成幾種形式，

包括可以結合如今最盛行的網路平台，在雲端分享不同的創作歌曲，當受眾變多，好比說中國大陸有幾億龐大的聽眾，就更容易找到知音人。另外，教學是另一條路，這裡不是指學校教學，而是真正專業的音樂教學，包括可以做成教學商品，讓民眾線上下載，也可以開通線上課程，做付費進修。當走上企業化後，未來的路看起來就更寬廣了。

　　無論如何，紀遠終究守住了自己的堅持，不向大環境的現實低頭，堅持夢想，繼續走他音樂創作之路。

Part 2.

生命體悟篇

築夢者心法

思維探討：如何找到自己的天命？以及面對命運的挑戰？

築夢銘言：其實每個人都有個內在力量，這內在力量就是我們的功課，我們當前的人生，就是要鍛鍊這個內在力量。

生命是一場
修煉的功課

吳浩中

在忙碌的生活中，人們是否不時地仍會思索著有關生命的課題：

◆ 人從何而來？將往哪去？

◆ 是否真的有天堂、地獄？還是死後一切虛無？

◆ 先不管死後世界如何？但至少告訴我世間有沒有靈魂吧！

◆ 最終，還是想知道，生命的存在有什麼意義？

多數的時候，生命的課題被連結到宗教，被連結到哲學。而對築夢的年輕人來說，也許就自我安慰，反正還年輕，未來日子還長，人生何必太嚴肅呢？但其實，關於生命的課題，可以有另一種思維，如果不要從靈魂存在與否這類較難驗證的主題切入，就單以生命是一種學習的角度來看，對奮鬥打拼的人們來說，是否更能帶來新的省思以及能量？吳浩中老師，一個難能可貴結合命理專業以及商場體悟的人間行者，他以「見山又是山」後的人生歷練，跟每位築夢人分享有關生命中最寶貴的智慧。

🗨 這是屬於我的天命嗎？

學生時代，吳浩中就具備人中之龍的氣勢，當時在台大擔任禾易命理社社長，顧名思義，這是跟命理有關的研究社團。他長得一表人才，談吐非凡，總能吸引眾人目光；加上年輕人本就充滿好奇，特別是台大學生更是喜歡談哲論理，像浩中這樣對命理及人生懸奇智慧有所涉獵的才子，更是同學間傾慕的對象。年輕時的浩中，就扮演著傾聽者、諮詢者以及類似導師般的指引者等角色。

每當別人從他這裡獲得「解惑」時，他自己往往卻越來越感到迷惑。甚至到後來，他開始抗拒。他也會問自己，像我這樣的年輕人有資格做為「傳達天命」的橋樑嗎？生命是如此深奧，那些來問事的的青年男女們，又是如此慎重的把「人生」何等重大的事情交付我，希望我可以幫忙分析指引，但我也只是個年輕人，我怎能承擔那麼大的使命？

那時候，他還不是很能區分算命與心理諮商的分際，基本

上，他就是秉持著誠信，講他知道的，講他看到的，但他尚無法區別「該讓對方知道的」以及所謂「看到」指的是表象還是實相？

當時的他，在學校生活圈中已小有名氣，甚至還被邀請去華南銀行，提供高專服務，就是針對銀行 VIP 等級的客戶提供諮詢；銀行端建議理財規劃，還搭配浩中的命理指引，讓客戶有更全方位的方向。前來算命的客戶，也包含銀行內的員工，看盤是計次收費，每次紅包約 2000 元。他的專業搭配充滿魅力的外在形象，若持續以此為業，收入肯定沒問題。然而在內心裡，浩中還是充滿著疑惑，他不是對命理的結果產生疑惑，而是對自己的「人生使命」感到疑惑。

在他來看，來算命的有兩種人：一種是內心對未來充滿期待，希望從你口中聽到一個答案，好比說你會得到富貴、你會得到姻緣、你會有好的發展等等；另一種，就是來問事問命前，內心已經有預設立場了，不論老師後來講什麼答案，最終，他

都會自我解釋成他原本預設的答案。對於前者，浩中心想，我何德何能，可以一言判定你的未來？如果因為我的話，你決定做出一個財務判斷或生涯抉擇，那我必須承擔的責任，會不會太重？如果是後者，當一個人其實只相信自己，來找我算命，只是借用我的專業，讓我幫他自己背書，這樣有何意義？對於浩中來說，具有天賦，卻又對這樣的天賦感到無所適從。

浩中後來才知道，原來，如何突破「無所適從」這件事，就是他的人生功課。他要跟年輕人分享，許多人，也許擁有某種才能，有的人天生是體育好手，或是擁有一副好歌喉，但在職涯路上，常困惑這些天賦真的是他的工作使命嗎？又有的人的專長樂趣，不一定能跟社會趨勢相符，比方他很喜歡當黑手，整修機械的工作，但他又擔心，進入社會後，這樣的工作所得，無法滿足他對於人生願景的期待。

浩中要跟讀者們分享，**困惑是好的，困惑其實就是要我們用生命去解惑，這就是上天交給我們的功課**。反倒一個「無感」

的人，才是尚未找到生命出路的人。這也是浩中，後來才逐漸體悟到的。但年輕的他，當時只感到一種因為抗拒，而想往外求的心，後來也真的離開他的興趣，試圖到其他專業領域闖蕩。

關於生命的決斷

當時擔任台大命理社團的社內導師，也是華人圈的知名大師，是浩中在命理領域的啟蒙者。

那時，對於命理的認知，其實就是非常傳統的命理，也就是「技術導向」的命理。具體來說，他的老師，本身就有道行可以「捉妖除鬼」，所專精的也是中國千百年傳承的智慧，包含奇門遁甲、五行八卦等等，而以「功能」面來說，就好比廚師就是要做菜，會計師就是要記帳，命理師呢？就是要幫人趨吉避凶。以商業行為來看，當有客戶詢問要求解惑時，命理師就該給一個「決斷」。

浩中也是後來才體悟到，所謂「命理決斷」，其實只是選擇權託付的問題，以生活中的事項來比喻，今天，你帶朋友去高級餐廳用餐，一打開菜單，琳瑯滿目帶點拗口的菜名，讓你不知如何取捨，於是你跟餐廳領班詢問，有什麼可以推薦的？在這個的時刻，你已經把部分的選擇權交給領班了。當然，在許多的場合，人們總是需要意見指引，例如迷路了要問路，買賣哪支股票要問理專，就連剪個頭髮也都需要設計師的建議。但命理師的身分，卻扮演著更高層次的主導角色，原因很明確，因為「資訊的不對等」，如果說像餐廳點菜，領班可以給建議，但我們仍握有大部分的主導裁量權，相對來說，命理的事，尋求諮詢者，完全無從置喙，因為他們本身什麼都不懂，對命運是處在全然茫然的狀態。

　　事實上，對我們來說，少有事情，是人們完全無法掌握的。再艱深的學問，如工程機械、投報率精算、法律規章、生澀新語言等，只要有心，人可以藉由學習變得專精。但關於生命這件事，任何博士與天才，卻都難以有科學論證。也因此，命理

師扮演著非常神聖的角色。因為如此，這也是浩中年輕時的壓力來源，令他非常困惑，他經常想著，我應該告訴對方答案嗎？那會不會「洩漏天機」呢？

浩中也提出一個問題讓每位讀者可以思考。如果今天有一個重要證照的取得，跟你的職位晉升有關，好比說取得某張證券分析證照，你隔天就肯定可以升任經理，薪水三級跳；又有個特殊機會，讓你事先知道測驗考題，保證你去參加考試，百分百過關，你根本不用花時間去用心研習了，只需花幾個晚上熟背考題答案就好。那麼，請問讀者們，你願意用這樣方式取得證照嗎？相信答案見仁見智，有人覺得生活現實最重要，既然可以讓我加薪，何樂而不為？有人就覺得這樣失去學習意義，為了取得證照，不擇手段，那樣就算得到，完全沒有成就感。再更進階的問道，假設你就是理財專業，但在考取理財證照時，考運老是不佳，你願意取巧嗎？或者換另一個情境，考駕照，明明不會開車，但透過某種手段你被確保一定可以取得駕照，就算拿到駕照了，你敢開車上路嗎？

關於命理，其實就是這樣的思維。這也是浩中用人生經驗所得到的體悟。

你想要預知你的人生嗎？

所以，算命是什麼情境呢？

是一種「提早獲得答案」的感覺，也就是說，這事早晚會發生，你早點知道也好的概念，還是要「天機不可洩漏」，這件事你本不該知道，你卻去強求答案？

關於這，浩中可以和每位朋友做許多的探討。但對於想要築夢的朋友來說，浩中直接提出他的體悟。就好比一個孩子，如果他哭著說跑步好累，他不想再去上體育課了，身為家長的你，是該放任孩子以後就不上體育課嗎？只因為疼他寵他；還是為了他好，就算孩子哭鬧，還是要讓他做基本訓練？

命理的事也是如此，我們每個人就像是來到世上學習的孩

子，有很多的功課要做，這些功課絕對包含苦痛的部分，好比說，跑步會練到腿疼，考試唸書會壓力很大，跟同學相處會有吵架不愉快，甚至也難免會遇到以強凌弱的壞學生。但難道，我們可以選擇「跳過這些過程」，直接選擇「只要快樂」直到畢業嗎？以命理來說，如果本來你就註定會碰到某些狀況，好比說，你工作會碰到阻礙，你會有桃花劫，甚至你會破財；命理師該站在「先知」者的角度，提早告訴你答案，只要花點錢財就可以「消災」嗎？但如果，原本這個「災」，是你來到人世本來要修煉的功課，但你連去挑戰都不願意，會不會失去來世上走這一遭的生命意義呢？

　　浩中也是經歷過多元的學習，才能更洞燭生命的道理。**其實每個人都有個內在力量，這內在力量就是我們的功課，我們的人生，就是要鍛鍊這個內在力量。**相較於命理師的「鐵口直斷」，浩中接觸到的西方的牌卡療法，覺得這類「不給標準答案，只提供思考指引」的方式，一種跳脫傳統命理善惡二元論，是比較值得推薦的。對每個人來說，就像是來這世上學習的孩子，

他的背後都有他與生俱來的使命，以浩中為例，他透過前世追溯，師父告訴他，他累世就是個通靈人，是修行者，只因有一世他超越修行本分，變成「給答案」的生命詮釋者，所以這一世他的功課，不是別的，就是來體悟「如何做好修行以及給人正確的指引」的功課，所以，他從小就有命理方面的天賦，比別人更容易了解《易經》及種種古老傳承的智慧，但他內心卻有種抗拒，這些歷程，都是要刺激他去認真思考「命理」的深意。

你想要預知你的人生嗎？如果預知答案不好，那怎樣最好呢？這就是浩中自己生命的功課。

跳脫命理工作的人生試煉

所謂功課，答案自然不是唾手可得，浩中也需要經過歷練。

曾經和命理大師學習，大師跟他說，最早的命理占卜，是用在國家戰場上。商朝時候，要透過卜筮問卦，作為君王施政

及作戰的「參考」，但其實解法不是「結果論」，比較是「趨勢論」，好比說若以現在狀態去打戰，失敗率比較高，以今年的天氣來看，可能收成會不好等等；都不是命定論，說未來肯定會如何，**如果人生是一本早就寫好的劇本，那每個人不就等同是命運的魁儡？這樣的人生真的就很無趣了。**

那時候，大師很看重浩中，大師認可兩類人才，第一是所謂可造之材，是有成王成將之相者；第二是可以繼承衣缽者。大師認為浩中命格好，是天生的領導人，願意傳承他命理。至於繼承衣缽者，例如浩中的師兄，後來真的跟隨師父學習奇門遁甲，擁有有呼風喚雨的能力。

有一天，師父告訴浩中，他的階段性使命完成，想帶著浩中開始去雲遊四海做「捉妖除魔」之事，年輕的浩中拒絕了，那時的他，已經想讓自己慢慢脫離命理的領域。當然，既然這件事是他的人生功課，他就無法完全脫離，但為增加歷練，浩中開始嘗試不同的職涯歷程。

浩中的雙親，從事的是保險產業，他們事業做得非常成功，浩中從小就不愁吃穿，備受呵護，可說要什麼有什麼，從不缺東少西的。這樣的浩中，後來也在家人的介紹下，投入保險產業，並且因為父親的「指導」，他也逐步升到中階主管位置。但他覺得，壽險行業很辛苦。他在退伍後，就投入保險工作，長達 6 年，雖然因為背後有足夠的資源，他業績還過得去。但浩中很清楚的知道，能讓他真正開心的事，不是業績成交，而是有機會去各種場合做分享。畢竟，身為一個主管，也要有一定的成績，浩中有機會被邀請去對新人做指導，他發現很喜歡站在講台上的感覺，原來自己也很適合擔任教師的工作。但在各種分享的場合，浩中在台上講的主題，其實大部分都跟保險業務無關，而是他更擅長的心靈或性靈的主題。

　　終於，有一天，儘管家人反對，浩中還是離開了保險業，他選擇去一個能結合命理與教育志趣的地方，聽起來有點另類的，相信讀者身邊很少有這樣的朋友，浩中當時是去密宗的靜修道場，擔任命理諮商師。在道場，浩中的日子過得很愜意，

並且有點與世隔絕。其實道場所在位置，並不是荒山野嶺，距離鬧區市鎮也並非很遠。但浩中每天清晨 6 點多就出發，去到道場，做一般的灑掃清理等開店的工作，接著一整天就是擔任正宗密宗師父的助理，師父是主要解惑者，他則協助開導。如果不是後來的事件，他應該還會繼續在道場服務。

但人生的功課就是如此，時候到了，浩中必須轉換跑道。當時浩中已認識現在的妻子，那時還是女友。由於女友的父親嚴厲反對女兒嫁給一個在「宮廟」服務的人，因此為了未來幸福，浩中必須被迫去找一份「正常」的工作。於是，浩中後來又回到商業圈，從事過不同商品的買賣工作，跟任何「命理」無關，是非常銅臭味的金融投資、理財規劃等等。

後來，浩中結婚生子，28 歲開始的金融業工作，又經歷了7、8 年的歲月，與其說浩中喜歡金融工作，不如說他在累積人生體驗。從前的浩中，總是對自己感到質疑，他總是在想「我有這個能力去協助人」嗎？無論是命理諮詢或在台上擔任講師，

都是扮演「指導別人」的角色，但如果自己「不夠格」怎麼辦？浩中用生命實際去歷練，用事實證明自己，有賺錢能力，但不靠家族，他自己依然在金融界，達到年收入兩三百萬以上，業務、理財專業都做的非常到位。終於，他要回過頭來，重新結合他的命理與教育專長，開始實現他的「天命」。

生命歷練自有其目的

其實，就算投入金融領域，浩中也從沒切斷命理方面的累積，這似乎正是上天刻意安排的，過往以來，浩中在命理界還是累積一定的名氣，包括學生時代開始在華南銀行幫貴賓做諮詢，那時就已建立了一些人脈，這些人脈中，有許多都是頂尖富豪，他們信任浩中，也願意把重要諮詢和浩中討論，長期以來，還是分別有承接這些富豪專案委託的命理諮詢，是這些頂級客戶的重要顧問。讓他雖然從事其他事業，但時時可以回過頭來，思索命理的意義。關於天命，浩中想要和每位讀者分享。他真的相信，人生在世，就是要來做功課。至於考題誰出的？

所謂前世、因果等等，那是超越人類可以理解的，無論如何，人生不是沒有原由的來此虛晃一招，而是因為靈魂本身有哪個領域不足，來這世上修課的。

浩中提出一個比喻，人生就好比一個遊樂園，來到世上的每個人，都是持票入園的人。遊樂園中有各式各樣的道具，有比較驚悚的雲霄飛車，也有較溫和的旋轉木馬。但看個人的使命，如何玩每個遊樂設施。生命中各式各樣的事，包含人們不喜歡的：在職場上被老闆罵，和同事吵架，被客戶刁難等等，你會發現，往往經歷過這些的功課，自己的專業會更精進，就好比被老闆罵了，才知道以後不要再犯錯。被客戶抱怨了，才能改進自己的服務做法，這都是生命中的「學習」。

這一生該修煉些什麼呢？我們無法知道，就好像參加考試不能事先給你答案一樣，但多少會有些暗示與指引。以浩中來說，認識他的人很難相信，小時候有段時間，浩中是個遲緩兒童，直到小學五年級都沒能開竅。

那時候每當家長會，師長都不諱言的跟他父母告知這個「壞消息」，浩中的考試成績也都是丙等、丁等，連乙等都拿不到。他就是文字和表達能力有缺憾。但浩中很感恩他的父母，不但沒有因為孩子如此就心灰意冷，反倒用愛心來教導浩中，例如媽媽總是陪著他，不給他壓力的，經常帶著浩中去金石堂書店或圖書館，讓浩中自己找書來看。也在那樣的情況下，浩中閱讀了很多書，並且從那時候，他發現了，他很喜歡心靈類的書，這樣的啟蒙也深深影響他往後的發展。

　　因為閱讀，浩中到了六年級後，逐步跟上學習進度，到中學後，成績突飛猛進，一路念建中台大上來，也在命理和心靈學習領域，找到他的樂趣。所以說，原本以為是人生的挫折，但到頭來，為的是指引他走入心靈領域，否則以浩中的原生家庭背景，應該是學習金融事務為主，不應該會接觸命理的。但當浩中越來越質疑命理的意義，開始有排斥感，他刻意長達10多年的時間，跟命理保持距離。這當然又是另一種生命試煉，

讓他去歷練不同的人生，最後再回過頭來思考命理的使命。

正所謂「見山是山，見山不是山，見山又是山」，是百轉千折的心靈旅程。各位讀者們，你們的生命歷程，是否也有類似的「功課與磨練」，要知道，**所有生命的歷程，都為了成就更好的自己。**

無怨無悔人生路

重新認識命理意義的浩中，現在是一位專業的「命理諮商師」。但他不是幫你「算命」，他是協助你生命解惑。就好比，有兩個人想要追尋寶藏，那寶藏需要過河才能取得。過往的命理師，可能直接說，你不要往前走，繞道吧！因為前面有條河，過河很危險，你改走安全的路吧！為了安全，甚至可以幫你施法，讓你離開這條河，去到其他地方。

安全是安全了，但生命的寶藏也找不到了。對浩中來說，

針對不同個性的人，好比這兩個人，一個是比較莽撞，浩中可能跟他說，做事要踏實，面前有條河流，但你要一步一步踏著河上的石頭走，不要躁進。對另一個人，他比較畏首畏尾，浩中就要鼓勵他勇敢，告訴他未來可能遭遇一些挑戰，前面會有湍急的河流，以及河流衝撞岩石的巨響。但不要害怕，要試著突破人生試煉。

　　浩中不會告訴你最終答案，而是扮演給你人生建議指引的人。他相信人與人間相遇自是有緣，會來找他諮詢的人，就是雙方具備一定的緣分，但浩中現在已經知曉，這緣分，不是讓他來當「命運拯救者」，**每個人的生命，都要靠自己掌握，自己的功課自己修**。他扮演的是導師，人生一定需要導師，就好比就算一個孩子自小有天賦，他也不可能不去學校念書，或不去閱讀書本，就能憑空擁有智慧。浩中，願意扮演的是人生導師的角色。

關於人生，浩中除了要告訴每個築夢的人，在逐夢的過程裡，每一次的不如意，每一次的困頓甚至災難，**算命師口中的「劫」，其實不是要去避掉，而是應該設法讓自己突破。**

浩中也簡單談到生死，很多人害怕死亡，但人生自古誰無死？重要的是來到世上，你修得什麼樣的功課？曾有智慧導師，這樣形容人生：每個人的一生，就像開車在一條高速公路上，長長一輩子，至少會經過 4 到 8 個交流匝道口，當碰到這類大關卡，可能有人繼續開車下去，有人的車就下了匝道口，離開人生這條道路。

那都只是一種選擇。浩中印象深刻的一部電影【亡命關頭7】，片尾經典的一幕，兩位男主角，馮迪索和保羅沃克，一起在高速公路上開車，到了某個分叉點，兩人說聲珍重再見，馮迪索繼續開車往山路前行，保羅沃克的車，離開了公路，離開了他的人生路。

生命就是一場功課，若彼此有緣，浩中願意成為你生命交會時的導師，路要自己走，這才是一條無怨無悔的人生路。

築夢者心法

💡 **思維探討**：一個人為何感到傷痛？所謂不快樂的狀態，該如何化解？

✏️ **築夢銘言**：外在的苦痛只是表象，找到「心」的苦痛，才是根源。

救性命更要救心靈

楊稚穎

　　人生最大的敵人，往往是自己。時常，面對一個失敗的交易，或一場帶來損失的意外，當時光走過，所有當事人都已淡忘，最初或許也沒有人真的怪罪你。但往往，內心中的自責，反倒會糾結難解，甚至變成一輩子陰影。然而，人生不會一路平順，總會跌倒，總會出差錯，總會有人與人間不愉快的經歷。你的言行可能傷到一個人，你的決策可能帶給某一方打擊，也可能你不一定直接傷害某人，但某人卻間接因為你而導致損害。

　　有時候，人們說，孩童最快樂，因為不會去想那麼多，反倒成人想很多，這也在乎，那也在乎，所以就不快樂。當面對不快樂，剛如何突破呢？年輕的稚穎，他一方面是救人無數的消防隊員，一方面也是合格的 NLP 心理諮商講師。從豐富的工作經驗出發，他將分享如何面對心靈傷痛的人生課題。

🗨 生命中必須獨自面對的恐懼

夜半時刻，偶爾聽到「喔咿～喔伊～」的救護車聲音，總令人心驚膽戰，心想，又有某某家庭出意外，或有老人家重症發作。而如果是消防車那尖銳的警報聲，並且聲音似乎就在附近巷弄，甚至感覺就在樓下，相信任何人就不敢睡覺，一定會擔心的趕緊探出頭瞧瞧。對稚穎來說，這些聲音，卻都是日常生活的一部分，他每天都與這些聲音為伍。在消防隊服務已經超過 10 年的他，參與過無數次的救援任務，人間的生老病死，他不敢說習以為常，但至少，也已經到了面對種種情境可以駕輕就熟的階段。

如果一個人連生死都可以看開，那這樣的人肯定是豁達的人。是這樣嗎？稚穎表示，其實，越是經常接觸到種種災難或意外現場的人，越可以凸顯，人生最大的糾纏，不一定是表面上的災害損傷，往往是存在內心裡，那種任何人都難以觸及的恐懼害怕。

多年來，稚穎發現，一個人身體出狀況，可以找醫師，就算是極度危急狀況，也都還是有瀕死邊緣被救活的例子，或者自己的財富、家庭事業出現狀況，也都分別有不同的「醫師」或「專家」可以來救援，事實上，幾乎所有看得見的危險，都有人可以出馬當英雄。就如同電影，就算是外星人來襲，或者酷斯拉復活把城市變成廢墟，只要有人就有希望。重點是，因為「**人們不是孤單的存在，只要身邊有人，就有希望**」。

　　救人無數的稚穎，他可以不怕濃煙密布，危機處處的場所，卻害怕受困在幽暗無盡頭，自我內心搭建的牢籠。曾有很長一段時間，他被困在這樣的牢籠，直到現在，他也坦承，學習是需要時間的，無法一蹴可幾，某種角度，他還沒完全走出來。如果一個本該最堅強勇敢擔任人民保母的消防專業人員，都有內心陰影，何況一般人，這會是普遍的現象。稚穎回首過往，雖然自己曾經「走不出來」，但畢竟沒有發生很嚴重諸如家破人亡或破產跌到谷底的狀況；**他終於發現，陰影重點不在大小，而在心的主人，是站在哪一個角度看事情。**

舉例來說吧！稚穎最喜歡用蝴蝶當例子，因為蝴蝶本身的形象是美麗的，但其實許多人不敢抓蝴蝶，為什麼呢？因為蝴蝶是一種蟲，對習慣性怕蟲的人們來說，蝴蝶雖有美麗的翅膀，中間那段蟲體也是可怖的。投入心理學領域多年，稚穎想用專業跟讀者分享，我們看待事情的角度。他說，若用兩種視角看蝴蝶，一個視角，就是一般花園賞花欣賞蝴蝶翩翩飛舞；另一個視角，被迫貼近看一個蝴蝶，蝴蝶就快貼在你眼前，你看到的是蠕動的蟲體以及猙獰的蟲臉和節肢。而我們看待事情的角度，不同的視角，就會有「看蝴蝶」跟「看蟲體」的差別。

💬 徬徨少年的稚穎

　　說起來，一切都是自己內心的問題。許多人怕死亡，但並不是真的受到死神威脅，他根本連「死」是什麼都不知道，一個人怎麼可能害怕自己不認識的東西呢？這似乎是種庸人自擾。但事實上，大部分人的心理狀態，的確都是庸人自擾。

稚穎因為自身的經歷，後來投入心理學領域。他不但有這方面的困擾，並且嚴格來說，有兩段不同時期的經歷，都帶給他一段幽暗期。

　　第一個階段是「徬徨少年時」。稚穎本身是台南官田人，是個純樸的鄉下孩子，他的思想單純，生活環境也單純，但本性就是個愛思考的人，這樣的人一旦想偏了，沒有被導師正確的指引，往往就陷入心中的黑洞，長時間不處理，還會形塑一生負面的人格。

　　在國中以前，稚穎都是品學兼優的好學生。但在少年時期，他就因為愛胡思亂想，後來變成一個很孤僻的人。雖考上了理想的高中，但高中時期成績卻變得很差，整個人像個陰影般存在，臉上總像是貼著「此路不通」的告示，那段時期他很孤獨，表面上看起來酷酷的，其實卻是缺乏自信，被困在自己營造的牢籠裡。因為這樣，所以，稚穎後來想投入心理研究領域，他心想，如果沒人救我脫離苦海，那我自己去學習找答案救自己。

稚穎坦言，最早時候，因為年紀還小，所以純粹想的是自己。但也因為自己有這樣的困擾，發現自己走出不來心靈的禁錮，不敢面對人群，也沒有好的人際關係，因此，他認為自己可以感同身受，其他和自己有相同狀況的人。如今的稚穎，學習心理學領域的種種學問，原因就是為了幫助別人。特別是對身為消防隊員的他來說，這種決定，格外有意義，因為一個看透生死的人，都發現其實影響一個人最大的還是「心」，由他扮演諮詢的角色，就格外有說服力。

　　不過在中學時期的稚穎，當時並沒有報考大學心理相關科系。因為傳統家庭觀念，念書要念將來有「出息」的，心理科系，以現實面來看，當時跟現在都一樣，並非就業的「顯學」。連精神科醫師，雖以醫師的身分，都不一定有好出路，更別說，在台灣心理諮詢師，完全不能從事醫病的角色，只能陪病人「聊天」，更難謀生計了。如果在歐美國家，心理諮商師會有一定的社會地位。我們看電視電影，也都有心理師的角色，諮商時以小時計費，是收入豐厚的專業工作者，在台灣，心理諮商師，

甚至無法幫病人開藥。事實上,來找心理醫師的,也不一定要是病人。在國外,看心理醫師是相當普遍的事,人人都可以和醫師聊自己內心的焦慮或困境,但在台灣,去看精神科醫師,就一定是「病人」,會需要吃藥,會被貼上得了某某病症(例如精神官能症)的標籤,一旦被貼了標籤,不幸也被其他人知道,就會被以異樣眼光看待;就算別人不知道,當自己被貼標籤了,也會影響自我認知,認為自己就真的「生病了」。

涉世未深投資失利的稚穎

稚穎當時就因為父母反對,被柔性勸說,後來沒去考心理科系,因為當時要念精神科相關系所,是屬於醫學科系,父母是贊成的,可惜,高中時期的他,成績並不理想,無法選填醫學科系的志願。後來,稚穎去念了警專,畢業後分發到消防單位,從 10 幾歲開始投入救人服務的工作,至今已 10 多年。

消防員,有著正義的形象,收入也很不錯,理當是人人稱

羨的工作。但在這段時期，稚穎卻進入人生第二階段的心理幽暗期。所謂心理幽暗，就是現實的影響有限，反倒內心的心魔傷害更大。當時，才 20 出頭的稚穎，接受培訓後，正式分發至地方單位，服務兩三年，但因為年輕涉世未深，一旦碰到了狀況，他感到內心很受傷。

稚穎碰到的事，就是投資理財失敗。誰沒有或多或少投資失利或被騙錢過？這是社會上普遍會發生的事。不論是企業家或上班族，多多少少也會參與投資，多少都有不同程度的損失，有人可能買股票被套牢，或者投資房地產，面臨房市不景氣，這是比較普通的狀況；又或者，甚至牽涉到法律，遊走在黑白邊緣的，則像是投資地下期貨、私人招募基金，還有許多非正規掛名傳直銷，其實是老鼠會等等。當時的稚穎，也是受到同儕邀請，將從小到大儲蓄的錢，投資某個項目，最後，整個投資被證實是個騙局，稚穎損失了將近兩百萬元。

以金額大小來看，兩百萬金額不小，但也非讓人絕望的數

字。畢竟，現代人若有買屋，大部分人都是某種程度的屋奴，他們欠銀行的金額，個個都好幾百萬元甚至上千萬元，兩百萬的確不是什麼「可怕」的數字。何況，稚穎是消防員，算是高薪的公務人員，以他的年薪，加上他也沒什麼不良嗜好，兩百萬元，沒幾年應該就可補回。但對稚穎來說，可怕的不是資金慘賠，而是他遇到了心魔。當年他是受鼓吹去投資的，那些朋友也是受害者，也就是說，那些人或許不是直接帶給稚穎損失，只是間接害他慘賠的人；但不論直接間接，傷害已經造成，稚穎走不出這個陰影。

　　具體來說，稚穎陷入嚴重的負面情緒：一、「恨」的情緒；他很生氣那些人害他有了損失，主要生氣的是理財單位，但也對同儕不滿，他怨懟，怎麼可以這麼不負責任，自己不了解的事物怎麼可以介紹給他？二、「慚」的情緒；這個殺傷力更大，稚穎一方面對外界生氣，一方面又不斷給自己貼負面標籤，認為自己就是太笨，就是太沒主見，總之，自己就是個沒腦袋沒分量的小人物，所以才會遭受這樣的損失。

這段時間，真的很長，可以長達 10 年。後來，稚穎自己反省，也覺得心魔真的很可怕，加深他想要透過心理學助人的心願。稚穎的心魔，其實並沒有大到會讓人內心扭曲，或者帶來重度的憂鬱，需要就醫的程度；但那種「不快樂」的感覺，竟然可以伴隨一個人 10 年，那 10 年間稚穎或多或少都處在負面情境裡，影響他的人生發展，他說，內心的事，若不處理，茲事體大。

　　你們身邊周遭，甚至你自己，是不是也或多或少有某些心魔？簡單說，如果你是常態性的，有些負面情緒，例如你是上班族，你很「怨恨」老闆或某些同事，像某些企業內部分派系的，經常不同派系間，有著跨世代的仇恨，那種糾結，每天都不愉快；請注意！心魔，不是偶發事件，而是常態性的內心怨念或者其他負面情緒，如自卑、思想偏差等。又例如家庭中，媳婦長年處在受害者情境，或者在學校，總覺得被孤立被霸凌等等，重點不在追溯誰對誰錯，而是對「當事人」來說，不快樂就是不快樂，這種不快樂是客觀的存在，必須去排除。在台灣，因

為認知問題，沒有習慣做心理諮商，這會讓問題更加嚴重。

人稱「魔導」的心理諮商師

稚穎後來就投入心理諮商領域，並且逐步建立成就。在諮商業界，稚穎有個代稱，叫做「魔導」。這個「導」，不知道的人，第一個聯想到的是導演。但其實，這個「導」，是「導師」的意思。

稚穎的志向，就是擔任人間的導師，協助每個人脫離心魔。

稚穎說，當初會取魔導這個名字，靈感是來自動畫，假日愛看動畫，也喜歡電玩的他，對自己的定位，一開始是魔法師，因為，既然所謂的心魔，沒有具體的形象，那麼以電玩角色來說，再強的武士或弓箭手都派不上用場，也唯有讓魔法師登場。這些年，則將主力放在「導」這個字，他要當的是導師兼魔法師，或者說有魔法的導師。

隨著稚穎學習越深入，他越發現，心理諮商的種種做法，就像魔法一般。

　　稚穎投入心理「魔法」學習，最早是在中學時代，當時他很自卑，走不出人際陰影時，藉由大量閱讀找到答案。但心理諮商這個領域，其實是要大量的人生經驗輔助的，所以，當時看很多書，但都只停留在紙上談兵，對他沒直接幫助。

　　成為消防隊員後，他因為理財失利陷入不快樂，找不到生命答案，這時候，他又想去心理學領域找答案。本來就對這領域有一定的興趣，重拾書本，很快就接上手，但他覺得單看書籍不夠，必須找老師，因此開始搜尋台灣正規的培訓體系，開始拜師學藝，後來，更接軌國際性的課程，準備取得國際證照。

　　雖然仍在學習階段，稚穎學到一個基本的觀念，這個觀念，就足以化解他心中很大一部分的心魔，這個觀念就是：「**角度不同，想法不同**」，即是遠看蝴蝶像幅畫，近看蝴蝶卻很可怕。

用不同的角度看生活中每件事,想法也會不同。

例如,我們去高級餐廳吃五星級料理很盡興,但如果走進廚房看到尚未烹調的雞鴨魚肉,可能讓你食不下嚥。如坊間也常傳的俗語:「就算是西施貂蟬,美女們也都需要拉屎」;任何美麗的背後,或多或少有不那麼美麗的成分。

稚穎在學習的過程中體悟:每個人成長過程中,一定會有正面跟負面,每個人都會有快樂、悲傷、怨恨或更極端的情緒,我們的社會文化喜歡報憂不報喜,越負面的新聞越有人看,以腥羶色為主力的媒體文化,長期來也造就了整個社會充滿負面的思維。

例如某人賺大錢,人們就想他背後是否有什麼貪汙斂財?看到道貌岸然的宗教大師,就會想他私底下德行是否不檢點?衍伸到生活日常,就變成「見不得別人好」、喜歡聊八卦、對別人做好事沒興趣、聽說某人跟誰搞曖昧就睜大眼睛。

如果說，對外界已經養成凡事負面看待的習慣，碰到事情第一反應先抱怨，同時間也自責。例如：跌倒了，心中罵著政府幹什麼吃的，每年繳那麼多稅，卻連地面都弄不平。另外也罵自己白癡，走路都會跌倒，所謂「心想事成」，一個人總是自責自己是白癡，長期下來對自己的影響是什麼呢？肯定負面到滿肚子都是垃圾。

　　這就是大環境和學習成長交互的影響，稚穎想要做的就是導引人們碰到事情時，把思維轉向正面思考。

　　心理學包含許多領域，例如人們多少也都聽過的催眠、前世今生解析等等，背後都有心理研究機制。在台灣的法律規範，沒有醫師執照的人無法為人做治療，心理諮商專家們，有的甚至被歸類為「怪力亂神」，跟巫師、乩童等角色畫上等號，不然就得透過心靈講座，以上課培訓的方式，傳授心靈提升的方法。為了順應台灣的制度，稚穎想要投入這個領域，非醫師背景的他，最終就得朝擔任講師之路邁進。

💬 跳脫負面思考的圈圈

透過一步一腳印學習，稚穎這些年來，已經取得各項心理相關的國際證照，他本來就是合格的 NLP 心理諮商師，到了 2019 年，他也正式考試通過成為心理諮商高階培訓師，達到心理培訓領域的最高等級。

當然，稚穎仍是救人於水火中的消防專家，他的兩個身分，一個是救人的性命與財產，一個是救人的心靈。如今，他可以說是不折不扣的人類救星，真正可以做到全方位救援。

長遠來看，人終究會變老，救人性命的工作，會有「賞味期」，必須跟體力賽跑，無法長久；相較來說，提升心靈的工作卻可以做一輩子。

現實生活中，稚穎已經感受到，雖然他也才 30 多歲，並且勤於做運動，但歲月不饒人，年輕才是本錢。他在出勤務時，年輕人的行動力、肌肉爆發力，他已經是逐漸跟不上了。雖然

講的是事實，這似乎又是「負面陳述」；你有沒有發現，一個人若少了外界提醒，往往又會陷入一個負面思考的圈圈中，走不出來。

就好像我們站在第三者角度，看老鼠不斷踩著滾輪前進，卻永遠停在原點，有時候，要怎麼跳出圈圈，若自己無法體悟，就真的要靠外在的指引了。稚穎談心理諮商的專業，認為**任何的心理諮商，最終就是要幫助人跳脫「原本的圈圈」**。

許多人自以為很聰明，學富五車，有著各種證照，但心靈領域，跟腦袋智慧往往是兩碼子事。有的人聰明才智足以成就大企業，或者擔任學術機構知名教授，卻仍走不出某些傷痛陰影。「當局者迷」，一個人習慣在某個圈圈裡奔跑了，要他跳出來，並不容易。

這就牽涉到心理諮商的技術，我們看電視電影，有許多深度催眠的場景，稚穎表示，那是極端的狀況。當一個人「陷入」

很深的時候，好比說來自童年遇到災變的重大創傷，或受到極大的驚嚇，要「走出來」，就需要搭配催眠等專業且長期的心理諮詢方法。一般人的情況，好比說被女友分手，傷心難過。或投資失敗，覺得心情鬱悶等等，靠基本的諮詢聊天開導，就可以一步步化解。

重點還是「如何跳出舊的圈圈」。佛家有言：「跳出我執」就是這個意思。整個來說，每個人都可能「陷」在不同的圈圈裡，例如，整個生命的貪嗔癡等圈圈，對照起跟女友分手、理財失敗等事件的傷痛，反倒是小圈圈。談到生命那又是另一個大課題了。稚穎的使命，還是在透過諮詢，讓人們擺脫一個又一個的小圈圈。

如何擺脫圈圈？稚穎分享一個案例。例如某個朋友 A 君，因為和女朋友遠距離戀愛，後來因為時空因素，兩人感情變淡了，女方提「我們分手吧」，A 君很傷心。來找稚穎諮詢時，A 君不斷提到說女友真的對他越來越冷淡，以前可以甜言蜜語

聊很久，現在晚上長途電話才聊沒幾分鐘，女方就說「累了想睡」。

記得嗎？前面關於蝴蝶的例子。以 A 君來說，他就是聚焦在「女方對他冷淡」這件事。但稚穎問他，為何你總是朝這個角度想事情？有沒有想過：就算工作一整天了，她很累還是願意保留時間跟你講話？有沒有想過，她已經說要分手了，但還是想跟你講話？有沒有想過，之前你都是站在自己「失去」什麼的角度，而沒站在女方，想想她是否也很難過？

經過幾次導引，後來 A 君終於想通了。他珍惜每次和女友（前女友）談話的時間，表示很感謝她陪他講話，也關心她工作近況，若有需要他幫忙的，就算她後來認識其他男生，他也願意祝福。現在，當 A 君這樣思考時，整個人有了全新思維，不再計較自己失戀這件事，而是珍惜曾有的緣分。這只是其中一個個案，不用經過催眠，就可以導引一個人跳出舊圈圈。

◯ 受害者情結

除了跳出舊圈圈，稚穎也提出一般人的思維迷思，那就是「受害者迷思」。

稚穎先說明「心裡坑洞」概念，就好比他自己過往也有一段時間，常處於負面心境，內心有個坑，總是填不滿。

心理坑洞，一開始可能源自於碰到什麼事件，但後來往往持續挖坑的人是自己，就是所謂「受害者情結」，一個人不快樂，得不到滿足，可能就是長期處於「自我挖洞」的狀況。

一般人聽到這裡，可能覺得，受害者，就是受到傷害的人。但稚穎反問，有沒有想過另一個可能，受害者希望自己「長期處在受害者狀況」，因為比起面對外界的複雜，他寧願處於受害者的位置，相對安全。

舉例來說，一個人跟女友分手了，他覺得面對「分手」這件事太痛苦了，他選擇是當一個「受害者」，兩種痛苦中選擇

痛苦較少的一種，當選擇時，他其實也選擇逃避，逃避什麼呢？逃避面對未來的責任。

畢竟，一個人當受害者是很容易的，可以被同情、被安慰。但是當面對現實時，一方面，有狀況要處理，二方面，也是一般人比較沒想過的，當發生事情時，並沒有全然的受害者。

以車禍肇事為例，就算傳統上認為車子撞行人，好像車子是「錯的一方」，實務上，法院判決很少是絕對 100% 的，行人雖被撞，但也多多少少有些歸咎於自身的原因，諸如不走斑馬線、走路不注意左右來車等等，可能判決會是開車方負 80% 責任，行人負 20% 責任等等，很少會絕對 100% 只有單方必須負擔所有的責任。

生活或是感情中的各種事情，表面上，一方是受害者，另一方是加害者，也是沒有絕對 100% 誰對誰錯，若連陌生人間的糾紛都無法完全區隔受害與被害者的責任範圍，更何況像是男女朋友分手或夫妻離婚，更是有著「剪不斷理還亂」的糾葛。

所以，**往往一個人長期陷溺在受害者角色，另一個層面就代表他不願面對現實，一個人不願意面對現實，未來就可能再犯同樣的錯。**

　　這也是心理諮商師，經常探討的課題之一。

　　關於未來的路，稚穎已經取得國際師資證照，他越學越覺得這個領域有無限的奧秘。各種心理層面的探討，都歡迎各位讀者和他聯繫。

築夢者心法

💡 **思維探討**：工作與賺錢，還有工作與生活的關係，如何取得
平衡。在生命無常中，努力工作有何意義？

✏️ **築夢銘言**：只有當我們將關愛的視野，由自己拓展到家人，
甚至由家人拓展到更大的人群，那時候，用愛描
繪的夢想，就更有意義。

資訊浪子，
走過對生活模式的質疑

劉上福

在不同的宗教信仰中，都有種類似的說法，來世間就是一種受苦。例如佛教有「四聖諦」，苦、集、滅、道，當中就以苦諦為首。基督教則以「罪」和「救贖」作為教義的基礎，苦難是罪的後果。對現代人來說，工作是否是一種痛苦？每個人生最理想的狀態，應該是自由自在享受美好時光嗎？若人生最精華時段，通通都被工作綁住，那似乎真是一種苦。但如果不接受這種苦，除非有其他資金挹注，否則會面臨更大的苦，也就是說，若沒錢過生活，甚至還會遭受到飢寒交迫之苦。對年輕人來說，生涯規劃到底要如何跳脫這種苦呢？

從小經歷過親人離世的衝擊，上福在很小年紀就思考人生問題。人生應該快樂，而快樂要植基於夢的樂土，但夢的樂土需要金錢打造，金錢的來源必須靠辛勤工作，但辛勤工作往往犧牲掉生活中許多美好價值，於是就算有了金錢，也不一定有樂土。沒金錢一定不快樂，有金錢也可能不快樂。這樣的人生如何築夢呢？我們來看看上福的親身經驗分享。

🗨 學生時代開始體驗「無常」

現代的孩子，可能一出生就融入 3C 的世界，他們操作智慧型手機的功力，遠比他們身為高學歷知識分子的父母親還要嫻熟，但經常穿梭虛與實間，會不會對這世界感到更加的困惑？或許有一天會問，到底我現在是晚上睡覺做夢，夢到另一個人的生活景象，還是我根本就在一場夢中？

在上福成長的年代，電腦及電玩遊戲已經非常普及。但帶給他虛與實衝擊的，倒不是手中的電玩，而是來自現實生活中。家中有 5 個兄弟姊妹，哥哥當時已是青年，他自己則還在念書，姑且不論他懂不懂什麼叫死亡，他根本連如何過好生活？如何寫功課？如何與同學互動？……等等都還在學習中。

就在這懵懂的年紀，上福的親哥哥，在事先沒預兆的情況下，一個原本健健康康的人突然罹癌，人生被宣告可能會提早結束，後來經歷種種的苦痛病程，到 30 歲左右，還是英年早逝。死亡，瞬間變成一個近在身邊的課題。原來人不是一定要經歷

生老病死的階段，原來，就算沒變老，也可能提早跟病魔相遇，未知的死神，就躲在角落暗暗招手。

　　當時，還是學生的上福，自然不可能領悟佛家「無常」的真諦，但他卻真真確確的感到，人所認為的「真實」，也就是一切現有與眼前的存在，都可以瞬間消滅。如果消逝沒有標準，一個認真打拼創業有成的企業家，跟一個吃喝嫖賭的浪子，不論是 20 歲、40 歲或 80 歲，無關道德、無關保養、更無關學經歷背景，都可能隨時離開人世間，那些獎章、榮耀、歡鬧的相片以及臉書上的發文，都變成再也不重要。那麼，努力工作的意義是什麼？每個人付出貢獻的意義是什麼？

　　於是，上福更深深地融入他的電玩遊戲中。他其實不是悲觀主義者，他只是更加珍惜現有的時間，畢竟對孩子來說，遊戲，就是他們珍惜時間的方式。而非常恰好的，遊戲，就是一種「人生無常」，遊戲情節裡的主人翁可以帥氣的飛踢，揮拳打敗群敵，但真正操控他「人生」，背後的真正「主人」是上福，

但上福在這世界的種種作為，工作或娛樂，背後是否有另一位主人呢？上福不知道，而既然珍惜「現在」那麼重要，他也就選擇用這樣的方式度過學生時光。

這樣的上福，比較不愛與人接觸，個性上也比較魯鈍，成績不算好，在校期間多多少少也經歷過一些霸凌，但最大的傷害，往往卻是來自老師，曾經因為家境不好，家裡每個小孩，上學身上帶的零用錢，都只能夠吃學校的便當，沒錢做其他事，常常看起來也都萎靡不振的樣子。有一天，竟被班導師譏笑，說上福他們一家都是豬。再魯鈍的人，受到侮辱也會反抗，**生命可以無常，但生命需要尊嚴**。那時，這件事被鬧大，爸媽也去學校抗議了，最終，那位導師被撤換去其他班級。

總之，學生時代的上福，原本個性就內向，又經歷了即將失去親人以及人終究敵不過死神的打擊。很長的時間裡，他在師長眼中，是個看不到未來的人。但此時的上福，也正一步步學著如何突破。

理想與現實衝突的生活

　　遊戲可以不只是遊戲，有時候，看似沉迷電玩的人，搞不好可以用另一種眼光看世界。例如，當我們看到青少年沉迷在幻想世界裡打怪，連三餐都不吃了，大人看了直搖頭，但有一天少年抬起頭來看，也可能覺得，大人們好無聊；上一關遊戲闖關完，看他們在講電話，這一關打完，再抬頭看他們仍在講電話，昨天同樣時間打電話，今天如此，明天看來也是如此。大人的生活好無聊。

　　無論如何，是虛是實，人都需要餵飽肚子。上福雖然從前在校成績不算好，但他長年來卻對電腦程式感到興趣，例如遊戲過程中，他也會自己找到 Bug，或者心裡設定，如果把遊戲這樣那樣規劃也不錯。上福愛上寫程式，於是念四技時就選填資管科系，取得大學文憑後，還更上一層樓，接著繼續念碩士班，讓自己成為電腦程式高手。

　　他除了會寫各類程式，也精於系統維修、網管、資管都難

不倒他。從來沒想到，小時候被誤以為是沉迷虛擬世界，但長大後，他真的可以擔任虛擬與現實間的橋梁，透過系統工程師的工作，參與社會的運作。也因著寫程式的實力，他退伍後不久就找到工作。

但光景不長，小時候讓自己困惑不已的生命功課，這時候又找上他了。工作是為了什麼？是為了生活得更好。但如果工作「本身」就讓生活更不好，那該怎麼辦？工作是為了什麼？是為了謀生計過日子，但如果日子的基礎就一定是工作，那人類不就變成工作的奴隸嗎？

從小就不擅與人溝通，喜歡專心做好自己的事，加上內心對生命價值的疑惑。上福進入以嚴格控管聞名的科技業，忽然有點格格不入。他嚮往自由，但科技業工作經常沒日沒夜的工作；他渴望生活品質，但工程師的工作每天就是與硬梆梆的電腦為伍。上福常覺得，如果可以在家把工作完成，那又何須區分在哪工作？只要最終結果是完善的就好。這樣的想法，跟傳

統上班族，把人約束在單一地方，共同出賣時間，鐘點計費的上班體制有很多衝突。

就這樣，經歷了一段時間的現實與理想衝突，而工作的內容，又是在虛擬間交錯，上福真的想不透，到底工作的意義是什麼？之後有很長一段時間，他讓自己過著放逐的生活。

漂泊晃蕩的歲月

那是段上福覺得像是在做夢般的歲月。他沒有穩定的工作，想要逃避人群，卻又必須面對人群。有長達 4 ～ 5 年的時間，他只想過自給自足的日子，他真的想過，人為何需要錢？不就是用來買三餐溫飽嗎？至於什麼汽車洋房，需要的錢更大了。有人為了一個虛幻的成家夢，願意省吃儉用浪費寶貴的人生，去購買一處自己名下可以睡覺的地方。但不過就是個名字，不論產權登記在誰名下，晚上睡覺，人人不都只需要一張床？

這段時間，上福經常在 7-11 打工，或者找一些不需要嚴格控管的計時工作。他厭惡透了被時間所約束，例如，幾點幾分到達？幾點幾分離開？中間工作了幾小時，得到多少成果？為何結果那麼少？是不是摸魚？他總是想，不過就是為了賺錢罷了，賺錢幹嘛？人一天就是那幾件「必須做」的事，睡覺、吃飯、如廁，以及經常性的放空，還有他需要留時間玩電玩；這需要多少錢？他曾經有段時間，工作時間很不固定，結果月入不到一萬元，即便如此，他依然可以活下去啊！睡覺就在自己的家，只花兩三千元吃飯，竟然也可以過一兩個月，沒有餓著。

　　這是一段思索人生的時刻。很多時候，上福覺得什麼都不重要了，反正「活在當下」就好，這一時一刻，有得吃、有得睡就好，而他選擇的工作，也都是那種不計較未來，不跟你談什麼生涯規劃的工作。反正擺明了，一方出勞力及時間，一方就付錢。顧店面也好，打雜工也好，上福試著這樣子「貼近生活」，儘可能拋開物慾需求，最大的享受，就是沉迷於變化萬千的電玩世界。

兩三年下來，上福也更加發現，這世界上，必須要珍惜的，不只是時間上聽起來很抽象的「現在」，他還要珍惜的是他的家人。想想，他經常忘了感謝。在過往歲月裡，不論上福在學校被霸凌，或者在上班時討厭那種加班又不加薪的生活，家人都義無反顧的相挺。雖然家中經濟上不能給予豐厚的物質，但至少仍有個安身立命的窩。**不論外面大風大雨，甚至世界末日，永遠最支持你的，就是家人，家人就是夢想的根源。**

　　漸漸的，上福領悟一個道理，自給自足的生活很好，可以不需要過著傳統上班族沒日沒夜地獄般的生活，單靠打零工也能過著餓不死的日子。但這世上，我們不單單是為自己而活，我們還有家人要照顧，他們是最值得「珍惜」的對象。晃蕩了多年，上福開始了解，雖然不喜歡，**但接近體制，是生命中不可不承受的苦痛，他必須勇於受苦，才能跳脫到新的境界。**

💬 思考重回體制的生活

於是，上福又重拾老本行，雖然中間也算中斷幾年，但興趣及專長，就像是多年前密封在保險箱內的寶藏，只要找回密碼，就可以開鎖取出。很快地，上福的功力又回來了，他不僅追回過往的種種技能，還與時俱進，結合現在流行的最新的程式語言。

要回歸體制？還是依附體制？上福還無法決定。

他暫時還是選擇依附體制吧！也就是說，靠著接案維生，而不想要進入哪家公司正式上班。此時的上福，也開始覺得**人生必須要擁有更多，那不是一種貪心，而是一種眼界的拓展。**

如果一個住在大山裡的人，一生從沒去過大海，那活著真的有點可惜。具體來說，可惜什麼？畢竟，沒看到海你也不會少塊肉，就只是一種「內心」的可惜。原本上福心中的生活，很多事沒有太多「實用」的價值，例如花 30 元吃碗切仔麵，跟

花 300 元吃碗得獎的牛肉麵，不同樣都是吃？反正胃也只有一個，有什麼差別呢？

上福認為，能夠自由自在吃麵就好，何必為了想吃牛肉麵，就讓自己失去自由？拼命去多賺錢，為了想吃貴一點的東西？但後來，上福有了新體悟，的確，胃只有一個，但如果人每天存在，必須固定的吃喝拉撒睡，固定時間如餵豬般填飽肚子，再去做下件事。這樣的存在，不能說是單純，只是讓人像機器般，過著制式的生活。一碗超值牛肉麵，融入許多的技藝、風味、刀法、佐料，雖然結局都是為了填飽肚子，但品嚐的過程，絕對可以很不同。

所謂「活在當下」，那個「當下」不是指「不得不」的當下，而應該是一個境界提升的「當下」。若加入「家人」這衡量指標，上福於是想，如果可以讓家人擁有更好的生活，每一個「當下」，絕對會比得過且過的「當下」更好。

重新回歸的他，發現單靠接案工作，真的很難維持一個穩定的生活，「活在當下」是自我安慰，是逃避追求更好的可能。他決定不再自我欺騙，浪漫以為就算每天吃泡麵，日子還是過得下去。上福開始認真去思索，怎樣可以創造更好的未來。

回歸職場但心境大不同

是的，轉了一圈，上福又回歸上班族的行列，外在看似雷同，心態卻很不一樣。一般人可能從學生時代就想賺錢，嚮往亮麗的工作環境，但不是真的去思考工作及賺錢的目的是什麼，再大的想像，也都是以金錢為考量，好比成為千萬富翁、億萬富翁，但那麼多錢後要做什麼？也不一定說得出來，反正大家都說錢不嫌多，總之越多越好。然而，經歷過內心掙扎焦慮過後的上福，重回職場的心態，已大大不同。

初始，他靠接案維生，由於他的服務品質可靠，有家企業長年來都固定給他案子，到後來，老闆直接問他，既然每個月

你都在幫我們寫東西，何不直接加入我們的團隊，每月有薪水保障，這樣不是很好？

　　如果是從前的上福，可能會排斥這樣的提議，畢竟，這樣他又要「不自由」了。深思過後的上福，決定重回體制，並且，這回他懂得提條件了。他讓老闆清楚的知道底線，適當的加班，他是可以接受，就是依照整個專案的進度，真的有必要趕時間，可以夜間加班，但公司也要付出相應的報酬。從前的上福，遇到不對勁的事，魯鈍的他，直覺反應就是想避開。但現在他知道他必須要透過溝通，具體讓對方知道自己的想法。所以，他雖回到體制，但是依照自己列出的條件，符合己意，就不算「不自由」。

　　而另一個讓上福要重回體制的重要原因，就是他已經認知到，**既然要先「改變現狀」，再來談「活在當下」，那他會需要向外拓展視野**。他很清楚這件事，就是他過往最不擅長的事，就是與人交流談話，藉由上班的機會，他可以至少，慢慢提升

這方面的能力，然後行有餘力，他準備要去創造未來了。他的方式是什麼呢？就是學習與上課。

設定目標需要的學習

回顧學生時代，上福成績不好，其實不是因為腦筋不好，或者討厭學習，而是因為強烈的自卑感。上福本身有碩士學歷，且精於程式撰寫。但過往以來，長期有個習慣，就是每次看到別人，他懂得看別人好的一面，結果不是拿來學習，而是拿來跟自己對照，於是，他總是覺得「別人比自己好」；因為別人太厲害了，自己再努力也沒用，因此，在學業上，不夠主動認真，在人際關係上，更是選擇築起一面「不擅溝通」的牆，擋在他與世界之間。

如今，上福想主動學習。他依然自卑，但他現在懂得去看「別人比自己好」，我雖然一樣比不上他，可是不需要逃避，而是反過來看自己「是否可以跟他一樣好」。這個心態大大改

變了上福的生活型態，從前認識上福的人，後來再看到上福，都說他有明顯的改變。

　　他依然不會講話，但是會試著用帶點靦腆的方式溝通。他願意主動學習，初始設定的目標，就是「讓生活可以更好」。

第一，他要學理財

　　既然大部分人都被困在「有錢沒閒」，或「有閒沒錢」的困境，或者更糟的「既沒錢又沒閒」，那麼，破解的關鍵，必定是在「錢」這件事。上福決定不再活在淡泊簡約的受苦價值，而要積極找到讓錢生錢的方法。

第二，他要學心靈

　　上福終於發現，長久以來，他的人生困惑，其實都源自於心中沒打開。當年親哥哥過世的打擊，始終帶給他對生存的質疑。但人生在世應該要有更寬廣的思維，「心靈」的追求也是上福專注的新焦點。

第三，他要突破極限

也就是他要學「溝通」，學講話，甚至學習公眾演說。特別是第三項的學習，對上福來說，像是不可能的任務，曾經自卑的男孩，如今要被老師規定，常態性的上台做報告。面對這樣的挑戰。上福決定突破自己。他開始讓自己成為可以拿麥克風的人。

🗨 重新定義人生與夢想

那個曾經靠兩三千元可以撐過兩個月，吃泡麵維生的困惑男孩，真的不一樣了。他勾勒出的夢想，是要帶給家人更好的生活。既然他了解家人是最關心他的，所以，他首先要讓自己擁有更好的生活。

白天在系統公司上班，參與了許多重要的系統規劃設計。夜晚就是上課，以及具體的投資。現在的上福，已經透過學習，懂得房地產理財，與人合資置產，也算走上「成家」的第一步。

如今重新問上福，他對於人生的定義？以及對於夢想的定義？他認為，人生的確無常，但面對不可控制的未來，也許死神明天就來，也許過了一百年也不來；不論來或不來，在那之前，我們要的就是「好品質的生活」，就像他記得某個詩人曾說的，就算明天是世界末日，此時此刻也要斟上最好的葡萄美酒。而曾經在舞台上享受掌聲的名伶，臨老不幸罹患重病，當她有機會接受訪問，也務必要打扮得美美的，掩飾所有病容，才正式入鏡，這最後身影，也要瀟灑好看。也因此，**突破無常的，正是永恆。當下的快樂，當下的驕傲，當下的自我認同，剎那的影響即是永恆。**

　　至於什麼是夢想？上福認為，他以前比較自卑，比較退縮，其實都源於太「愛自己」。凡事以自己為中心主軸去思考，於是覺得自己感到委屈，感到不自由，感到這不好、那不好的。當碰到無常，也質疑人生存在意義為何？這都是因為只站在自己的角度想事情。只有將關愛的視野，由自己拓展到家人，甚至從家人拓展到更大的人群，用愛描繪的夢想，就更有意義。

成書此刻，上福自覺自己是沒有任何成就的單純上班族，但他反倒用自己的人生歷程，分享了另一種築夢的模式，有時候，**當蹲伏在地上的時候，反倒可以看到更遼闊的天空。**上福，還在學習中，就跟我們的許多讀者一樣。

Part 3.

助人圓夢篇

築夢者心法

💡 **思維探討**：為何有人銷售能力特別強呢？是天賦還是靠後天
努力？

✏️ **築夢銘言**：人生就是一個舞台，我不管站在什麼位置，主角
也好，配角也好，跑龍套也好，我就要把戲演好。
所有的付出不會白費，都會成為我的能力累積。

銷售天后的
生涯實力累積學

蔡姍珊

　　銷售的最高境界是什麼呢？當我們還要思考等一下怎麼面對客戶？還得做個深呼吸再去敲客人的門，那都已經是比較「帶點強求」的感覺了。當然，銷售本來就含有「強求」的成分，除非是客人自己表示要購買東西，只要是銷售端處於主動出擊狀態，那就表示被銷售一方原本沒有購買計畫，是被說服而來。

　　但有一種銷售境界，可以說就跟日常生活呼吸喝水一般自然，就是我把一個好的商品介紹給你，我只秉持誠信及專業完成傳達訊息的任務，如果對方沒興趣甚至態度不佳，也完全不會影響我的心情，我會繼續面對下一場傳達訊息的任務。無需心理調適，更從來沒有「內心受傷」這種事。真正做到《般若波羅蜜多心經》所說的「心無罣礙。無罣礙故。無有恐怖。」的境界。當一個人的銷售能力達到這種境界，要成就巔峰就一點也不困難了。無怪乎她可以屢屢創造銷售頂尖的紀錄。

　　她就是在各行各業都能打破銷售紀錄的蔡姍珊。

🗨 在時光中歷練，一個成就亮麗的女孩

前言提起《般若波羅密多心經》，主角似乎會是個歷經滄桑的職場老將，實際上，姍姍也的確是銷售老將，但她卻還是個熱情活力的年輕女子。看她的外表，就是個花樣年華的青春女孩，也因為光彩耀眼，口才佳且態度落落大方，她經常擔任節目活動主持人，如今，也是個可以在萬人演講場合展現魅力的銷售講師。

然而，為何年紀輕輕，就已經是銷售老將呢？

如同姍姍一再強調的，銷售這件事，不是靠天分、靠口才、靠外表包裝就可以成為銷售之神，現在的她，每天培訓新人，教授如何做銷售，每當新人問她有什麼快速訣竅才能像姍姍這般優秀？姍姍總是一本正經地說，那可能要在基層累積至少 10 年的功力吧！每當姍姍這樣說，新人總以為她在開玩笑。但姍姍如今那麼多才多藝的實力以及屢創佳績的成就，真的是經歷過長年的磨練。事實上，不是單指銷售這件事，而是整個的職

場生存力，都來自時光的淬鍊。姍姍不僅僅是銷售天后，也能公眾演說，會網路行銷、也能組織培訓、會寫文案、還能訂定商品整體行銷策略，她甚至還常自己下海幫部屬做文宣設計，完全不輸專業設計師。

這一切並非來自於天賦，而是來自於勤奮以及自我要求。
從小家中的經濟只靠父親一人的收入支撐，親眼見證過 SARS 疫情及雷曼兄弟金融風暴對整體經濟、企業和職員的影響，傳統的工作概念：「一個人靠單一或少量的技能，在一份穩定工作中過一生」，對姍姍來說卻是很沒有安全感的事情，姍姍很早就意識到：「能力要越多越好，收入也要越多元越好」。

從高中就開始自己的「斜槓人生」，當時還沒有「斜槓」一詞，求學時代的她只是單純秉持著：「我要比別人勤勞、比別人做的多，吃的苦中苦，方為人上人」的想法，除了半工半讀以外，批貨網拍、向實體店面洽談寄賣，這都是她增加收入與能力的方式。

從 16-17 歲開始到現在，同時一邊唸書一邊工作，或同時有兩、三份工作又一邊進修她想學習的事物，她早已習以為常。當然，品質也是她所重視，即使是同時有很多事情在進行，要求完美的她往往也能讓每件事情都交出亮眼成績。

　　如果有人問到，這一切是怎麼辦到的？姍姍會笑笑說：「我是很要求完美的工作狂，生活中只有吃飯睡覺與工作。遇到不會的事情就去查、去學然後自己做。這樣的個性有好有壞啦！像我就不太會玩，哪裡有好吃好玩的？哪部電影好看？跨年要去哪玩？我都不太知道，當學生的時候都沒玩到，常被朋友取笑說『到底有沒有童年』、『妳是火星人嗎？』，但我不後悔，因為這就是我的選擇。」

　　時間花在哪，成就就在哪，一切關鍵都是「時間」。這世上，什麼事都不盡然公平，唯有時間是保證人人平等的。世界首富一天擁有 24 小時，一個剛出生的嬰孩，一天也是擁有 24 小時。姍姍很清楚知道，在競爭的社會中，面對其他競爭者各

自的優勢，自己唯一可以公平較勁的資源就是「時間」。

對姍姍來說，人生的道路上一路走來，只有抓住時間，掌握每一個現在，才有機會改變自己的未來。她從十幾歲開始，就讓自己善加利用每一分鐘，她的一分鐘比別人的一分鐘都更超值。這也造就了她的兩種「累積」：能力的累積與自信的累積。

姍姍想要跟讀者分享的是，**人生就是不斷累積實力的過程**，沒有取巧或討價還價的空間，你認真對待自己的每一分鐘，時間就會回饋你「累積點數」，姍姍從 10 幾歲到 30 幾歲間，就不斷在累積，如今讓她行走職場無畏無懼。

初次見到她，就能感受到她眉宇之間有種閃閃發亮的自信與從容，那份自信來自於累積了許多經驗與能力，相信自己不論去到哪個位置，都能找到讓自己一展長才的舞台與看重自己的貴人。

「吾少也賤，故多能鄙事」，姍姍說：「以前十幾歲的時候，就覺得反正自己年輕，還有機會嘗試各種辛苦的工作，所以就拼命做認真做。幾年之後發現，越基層越辛苦，只要越認真的經營，就會看見自己已經變的如此強大、會的東西如此的多，可以發揮的空間也隨之變大。很慶幸自己當時沒有偷懶，感恩當時選擇辛苦工作的自己。**能蹲的越低，才能跳得越高。能承受的越多，才能爬得越高。**」

💬 能力累積學：「銷售是不會被淘汰的能力。」

　　現代人都懂得要學習，姍姍本身也熱愛學習。但花數十萬元去上各種課程就立刻可以脫胎換骨嗎？真正可以較快改變的，除了不斷學習、透過講師汲取知識外，更重要的是「實做」。按照自己的興趣選定一個大方向，然後紮紮實實的執行和測試，就會找到在大方向底下，適合自己的區塊。所謂「不經一番寒徹骨，哪得梅花香撲鼻香」，真正的能力是靠時間去實做累積，才能擁有真正體悟。這種體悟，才是屬於自己的真知識。

因為從小的成長環境讓姍姍知道，自古以來，社會經濟的活絡靠的是商業行為，公司集團之所以賺錢，靠的是銷售業績。餐廳銷售餐飲、便利商店銷售商品、醫師律師工程師銷售專業與技術，藝人銷售形象與才藝，**「銷售」無疑是非常重要而且不會被時間淘汰的能力**。所以，「銷售」成了姍姍努力實做或研究的大方向。她說銷售要好，最重要也最經得起時間淬鍊的堅持是：「選擇物美價廉、性價比高、自己和家人也願意使用的商品，否則絕不銷售」。永遠把消費者當做自己的朋友，寧可銷售低利潤的品項，也不願意為了暴利放下自己的原則，這是做人做事的基本道理，也是她始終堅持追求的完美主義。要賣商品，就要賣對消費者來說最好的商品。要執行一個任務，不但要達標還要績效卓越。

她不否認，她喜歡賺錢，從小平凡的成長環境，讓姍姍內心深處就是渴望賺錢，渴望出類拔萃、發光耀眼。這樣的渴望，沒有不好，她沒有因為這種渴望就去做「不擇手段的獲利」或「損人利己的」行為，而是讓自己在追求利潤、要求完美的內

心燃燒下，培養出強大的銷售力。她相信，一件事只要做到越臻完美，就自然可以讓客戶買單。

因為一個人蹲得越低才能跳得越高，能承受得越多才能爬得越高。姍姍想跟讀者們分享：在人生歷程中她如何訓練自己的「銷售力」，所有基層工作都是累積，才能成就後來她在銷售各種商品都能擁有超乎想像的爆發力。如今，企業邀約演講、工作邀約不斷，在職涯中掌聲也越來越多。

最基層的銷售，從她中學時代擺攤說起

擺地攤，是很多年輕打工族或開店創業者初期的共通經歷，以最低的成本，用有限的資金批貨，在人潮川流、時尚繁華的地帶，選擇些流行性的衣服、包包、首飾設點販賣，許多時候都是站在法律邊緣，當警察出現就得趕緊收拾商品離開，避免被開單。雖然成本較低，但真正擺攤擺出一定成績的，並不多見。

特別是年輕人擺攤經常發生的情況是：今天我擺攤生意不好，好吧！繼續等，看明天看會不會情況好一點；結果明天也是如此，後天生意稍微好轉，很高興！但是大後天又遇到警察開單提早收攤，接著又發生下大雨無法擺攤，一兩週或一個月後，就自我安慰地說：我已經「盡力了！」也許擺地攤不適合我，就此放棄。

　　姍姍說：「放棄擺攤其實不是重點，重點是放棄了讓自己學習並且變好的機會，最可怕的是，這也讓自己累積了記憶中關於失敗的次數、加深了對自己能力的懷疑。每當自己把想法執行出來卻屢屢失敗，人們就會告訴自己我做什麼都不會成功，關於**失敗次數的記憶會腐蝕鬥志，漸漸的便無法再相信自己是有能力的人，而失去自信。**」

　　姍姍的思維：「既然我都已經花時間擺攤了，花同樣的時間，我除了每天的營業額以外，我還想得到一身銷售的好功夫，這樣才對得起我的時間」——這是她對自己的期許。

她選擇在傳統菜市場，符合規定的繳交攤位租金給當地攤商聯盟，踏踏實實地做生意，免於怕被警察開單而整天心浮氣躁。今日做生意發現情況不佳，怎麼都沒人來時，其他店家忙著閒聊、打蚊子之際，她當下就開始思考是不是貨品這樣陳設更吸引人？是不是搭配怎樣的促銷會留住人潮？叫賣什麼內容更能夠引起注意？甚至包含自己的穿著、海報的設計、看板內容等，只要一有新想法就立刻執行，測試看看客人的反應是如何。

　　「反正，一定有方法可以讓生意變好，而我在這個反覆測試的過程中，了解顧客的需求與想法，磨練出獨特的整合銷售能力是屬於我的，任何人也帶不走。」這就是姍姍的思維。她從不等時間、等明天、等客人上門，而是積極地調整擺攤銷售的所有細節以增加銷售量。一開始，擺攤沒有人來光顧，是正常的。因為那正是測試階段，就是用來做為調整的基準，把錯誤的逐漸調成正確的，最後自然會有人來。

所以，姍姍從學生時代起開始擺攤，就已經懂得「如何吸引人流」，以及「留住來客」。這一切並非是舒舒服服的在教室裡等待老師上課講解能學到，而是從一次又一次的挫敗實戰中親自摸索出來的。例如，在銷售中，最能在第一時間吸引客戶眼光的，就是「令人眼睛一亮的文宣文案」，好比說「限量」、「最後特價」等，視覺是最能直接帶來刺激的感官，再加上抓住人性的好奇及經濟不景氣下人們想省錢的心理，總是會吸引大量的人潮過來。至於人來了後，該怎樣說話引起對方興趣？該怎樣打扮讓客人感覺親和，讓對方信任？這些都是逐步摸索出來，並且建立成自己獨具特色的「資料庫」。

　　姍姍說：「當自己從挫敗中逐漸摸索測試，最後終於成功了，累積出屬於自己的自信。那種自我肯定是從失敗中淬鍊出來的，會很穩固。不會有那種今天被別人讚美說很厲害而自信暴增、明天被別人批評說很差又頹廢喪志的狀況。」

往後的職涯歲月，姍姍都是如此：她不斷的嘗試、不斷的累積，所以她的資料庫越來越豐富，「一張紙也許很薄很脆弱，但是當我每天在一張紙上認真地記錄我的經驗，一個月就會變成一小疊筆記本，一年後就會變成一大疊像字典一樣厚的書，字典是如此的厚重扎實，翻開每一頁都是密密麻麻的文字。那如果我每天不是累積一張，而是督促自己認真累積兩、三張紙？一年後會有多麼可觀呢？所以當我每一天都盡可能認真工作，將每一天的經驗都紀錄下來，**僅僅只是將簡單的事情重複做，最後就會成為字典般龐大的資料庫，漸漸的我就發現自己的能力比別人強大而且很難被超越。**」姍姍如此說道。

　　從最初的擺攤，到後來成為銷售天后，就是這樣「一張又一張不厭其煩堆疊」的人生秘訣，堆到後來，她幾乎可以面對任何狀況。

　　在擺攤的基層工作中，必須面對很多難以忍受的事物，例

如：客人殺價、奧客退換貨、人們異樣眼光、巧遇以前認識的人等狀況該如何面對？有人讚賞你的努力也有人看不起你的身分。這些崎嶇不平的絆腳石，讓姍姍在銷售的道路上膽子被磨大，臉皮也被磨厚；加上天氣好壞、特殊日子造成生意高低起伏，也讓她在銷售的道路上抗壓性被磨深，能力也被磨強。

在往後的日子裡，她回憶起這段過去，發現一般銷售上會遇到的拒絕、冷言冷語，景氣循環高低起落，每月業績生意好壞，已難再造成她的挫折感。「人生不要害怕被磨，當你把最辛苦的都經歷完了，就會覺得不再害怕。如果不怕挫折，自信就出來了，當然可以勇往直前。」她篤定的說。

所以，當新人問她如何做到銷售佳績？姍姍會告訴他，不要介意你現在的位置，在現在的位置中認真工作，每一天不斷累積。「蹲得越低，才能跳得越高。」當一個人累積的能力增加了，機會與收入會自然增加。

💬 小舞台也要「演好演滿」

如果說，一件事情得到 9 分，比得到 8 分更能夠帶來更多的績效及利益，那麼當然要朝 9 分邁進，再者，發現 10 分比 9 分又更有利基，那就朝 10 分邁進，姍姍就是如此，站在「累積學」的基礎上，變成一個完美主義者。

她總是要追求最好的成果，**除了要累積得多也要累積得好**。就比如在因緣際會下，姍姍受邀擔任產品介紹的開場主持人，主持全台數場產品發表會。所謂開場，也許只有 10 分鐘，但為了這 10 分鐘，她願意花錢治裝，還特別做造型設計，讓自己魅力四射，氣勢驚人。

有人問她，只是個開場，並非主角人物，有必要這麼隆重嗎？姍姍表示：「人生如戲，我永遠不知道在台下會坐著哪位伯樂，識別出自己是千里馬？我不願與伯樂擦身而過再來懊悔。所以，不論彩排與正式演出，不論是 5 秒鐘還是 50 分鐘，我會把每一次上台都當做一生一次的難得機會。不做則已，要做就

要表現得最出色。」

　　就以開場主持來說，她雖不是主角，但她肯定是這場銷售舞台上的一環，她自信地說：「如果我一出場就能強勢地吸引群眾的目光，那麼我所說的內容也自然而然容易被群眾聽進去，並且印象深刻，而銷售的目標不就是把我腦袋中的理念傳遞給對方，讓對方認同，進而願意花錢購買嗎？如果在第一時間，我就吸引比別人多一倍的人群，很有興趣的想要接收我的理念，是不是最後的成交率就大大提高了呢？所以引發對方的注意力是非常重要的事。

　　另外，台下坐著的也許是消費者，也有可能是大老闆、是我的伯樂，如果他親眼見證我成功的將理念傳遞給大量民眾，是不是找我合作的機會也大大提升了呢？這短短的 5 分鐘 10 分鐘不重要嗎？我認為超重要的！

　　當一個人把份內的基本工作做完，他可以匆匆打卡下班。

當一個人把份內基本的工作做好，他可能會獲得主管讚美。當一個人份內的基本的工作做到最好甚至超好，他的敬業態度會讓與他接觸的人都很感動，接著會提升成交率，並交出讓老闆驚豔的成績單，甚至讓很多的貴人爭相扶他一把與他合作。」

「視覺是最能直接帶來刺激的感官，既然是要出現在台上，當然要呈現出讓群眾覺得最美最華麗的樣子，這不是愛漂亮，而是一種敬業」姍姍說。人們總是容易被新奇華麗的事物吸引，總愛追隨有魅力、有能力的人。近朱者赤，近墨者黑，在人們潛意識中，認為如果自己追隨有這些特質的人，久而久之自己也會變得有魅力、有能力，這是人的天性。抓住這樣的心理，展現出這種特質，即使上台 10 分鐘，就足以讓民眾印象深刻，下意識的覺得使用了這個產品等於「變得美好」，就會心生嚮往，為活動的主辦公司大大加分。

姍姍也經常愛說的一句話，「**人生就是一個舞台，我不管站在什麼位置，主角也好，配角也好，跑龍套也好，我就是要**

把戲演好。」所謂「演好」，以舞台展現來說，自然就是台風佳展現魅力，而以銷售來說，「演好」絕對就是要做出好成績。那種「我已盡力」的自我安慰心態，是她非常不認同的。

有心「想要更好」的態度

對姍姍來說，她執行任何事情，都不會有什麼踟躕猶豫。好比說，在某段職涯歷程她曾擔任美妝活動大使，必須一個個美妝專櫃去巡迴辦活動，目標是促進業績。那時，有一款日本引進的護手霜，是公司希望主打的品項。雖是進口舶來品，但賣價比市場上同類商品貴 3 倍之多，加上護手霜並非生活必要用品，市場上同類型的競爭商品也非常多，光這樣想就知道這是非常難賣的商品，對任何業務員來說都是極大的考驗。

抱持著上舞台就要是「最好的演出」，姍姍硬是讓這款賣價超高的護手霜，成為刷新銷售排行榜的暢銷品，透過對產品優勢的了解，刻意將自身的形象以及專櫃商品的陳列，盡可能

地凸顯產品優勢。她說：「現代科技發達，保養品市場也競爭激烈。保養品本身具備一定的效果，銷售人員告訴消費者這是一支很好用的產品，只是滿足消費者最基本的期望值而已。如果這是一支貴婦級的護手霜，除了產品本身必須要具備更快、更高程度的效果外，還需要讓消費者感受到這支商品的質感。

所謂的質感，除了商品本身的包裝、內容物的質地以外，更重要的是，專櫃的硬體陳設，以及介紹商品的人，自身的外型、膚質、膚色、談吐的樣子。如果都能符合貴婦期待的質感，才能讓客人感受到花這樣的價格買到貴婦用的頂級護手霜，實在非常物超所值，在這種情境下，客人很容易就買單了。」

在擔任美妝活動大使的每一天，她都非常注意自身的形象，刻意大量使用自家產品去維持手部膚質軟嫩、膚色潔白，除了親自測試怎麼使用最有效以外，也讓客人每回見到她，都能夠感受到：「我是優雅不凡的女孩，我舉手投足都是如此的亮白耀眼」，而這一切都是產品帶來的效果。如果妳使用了這個產

品，也會變得跟我一樣。然後再教導客人用最有效的方式塗抹保養。

再者，結合學生時代擺地攤那種一試再試的做法，她在活動過程中不斷調整與測試，例如：護手霜擺在什麼位置較好？擺在另一款國產品旁，是否更凸顯出價值等等。其實，身為活動銷售大使的她，只是一位受雇者，不需要去替主辦公司規劃那麼多，但完美主義的她，就是想把銷售這件事「演好演滿」。

透過一次又一次的調整，她讓整季的護手霜銷售業績長紅。而且透過不斷修改與調整的過程，她也學到屬於自己的銷售經驗，再次累積了能夠創造成功的信心。「同樣是受雇者，同樣每天 8 小時花時間工作，選擇『演好演滿』或者『怨嘆經濟不景氣、產品很難賣，等吃飯等下班』，結果是截然不同的。當有你在的每場活動，消費者反應都如此的熱烈，業績都如此的好，你的認真與汗水都不會白費，你會學到屬於自己最適合的銷售模式，這是別人無法競爭與模仿的。下次主辦單位一定會

再找你合作，甚至有其他機會，他們也會熱心的 Pass 案子給你。你在找機會，你的貴人也在找一個能夠在工作上帶來驚人成效的人才。當你讓他們看見你的努力與卓越，他們就會帶給你意想不到的機會。**在小的舞台演好演滿，舞台終將越來越大。**」她再次強調。

姍姍認真地說道：「在擔任開場主持人或美妝大使時，還有一個珍貴的經驗是：我是在舞台上閃耀的、被大家注視的存在，我的好與壞都會被放大檢視，我會因為好而遇到伯樂、遇到很多很棒的機會，但也會遇到輿論壓力，把我的不好放大檢視，甚至是，我本來不覺得是不好的事情，也會被拿出來評論或被誤會曲解。好事不出門，壞事傳千里。我再怎麼苛求自己做好做對，就是有人會批判。在這種狀況下，除了對自己做更多的檢討、更加的謹言慎行外，還必須不斷調整自己的心境，坦然面對各種輿論壓力。

面對如槍林彈雨般的負面評論，是極度辛苦的。這個苦是

在於自己的恐懼感以及對自我的否定，過去經歷所建立起來的自信就會備受考驗，會怕這樣做被評論這個、怕那樣做也會被評論那個，因為要求完美，所以想很多，想來想去，結果就是什麼都不敢做，然後又苛責自己，批判自己為何什麼事情都做不了，而陷入一個負面情緒的循環，那些負面狀態像流沙一樣，我越想掙脫卻越陷越深。

　　不過，一段時間之後，我發現身陷其中、暫時讓自己處於一種很糟的狀態，**設法與負面思考共處，也是一種磨練**，每個人最大的敵人是自己，如果我可以坦然面對負面輿論，依然敬業工作，笑罵由人，其實最可怕的事情也不過如此。這時會發現，原來自己已經變得如此強大，能承受的越多，才能爬得越高。」

💬 建立自己的銷售心

　　如果不害怕被拒絕，也不害怕輿論壓力，那麼姍姍的銷售

功力有多厲害呢？

那回護手霜銷售業績，她的最高紀錄，平均每 7 秒以原價完成一筆陌生成交，意思是在沒有任何折扣促銷的加持下，每 7 秒讓一位陌生人買單。這樣的成績在現今經濟不景氣、各行各業都降價求售，還要讓不熟悉自己的陌生人，從信任到買單，幾乎是不可能的任務。

事實上，從以前到現在，姍姍都喜歡做陌生銷售。她提到，一般人銷售會有種心理障礙，就是怕被拒絕、怕傷了自尊心，這也是大部分人共通的心聲。很多人會「擔心太多」而忽略的真正該「想太多」的事，其實想太多是對的，姍姍是完美主義者，所謂完美，自然需要面面俱到，所以一定會想很多。但一般人「擔心太多」的是「客戶會認同我的講法嗎？客戶拒絕我時該怎麼辦？」甚至會擔心跟產品沒直接關係的事，「這月業績不好，我貸款繳不出來怎麼辦？」

「心」在哪，成就就在哪，「心」沒放在「當下」，而是放在「假想的擔心」的人，成績自然有限。更重要的是，姍姍提到「唯有陌生銷售才能確認自己的銷售能力達到什麼程度了。」

　　她說：「找認識的親朋好友買，雖然一開始自己不會被拒絕，但是，對方很有可能是不好意思拒絕而抱著捧場心態買的，只是花錢買友誼買情份，買回去了，也不會使用，更不可能二次回購。捧場一次兩次，也就開始躲著你。即使你要求對方轉介紹，對方十之八九也只是嘴巴上應付說好，會幫你介紹衝業績，實際上多半不會執行。

　　這種方法雖然短期可以讓自己舒舒服服在舒適圈裡就有銷售業績，但長期看起來對雙方都不利，對方為了情份花錢買了自己不需要的商品，自己雖可以不用被拒絕，還獲得銷售業績，後果卻是損傷人脈資源，親朋好友紛紛走避，最後還是必須面對沒有業績的困境，也沒有學會真正的銷售技巧，幾個月的光

陰就這樣子過去的，實在很可惜。還不如一開始就學習去找到可能需要這類產品的人，並且清楚將產品能夠帶給他的好處，用心介紹給他。」

千錘百鍊而生的銷售心

對姍姍來說，從小訓練的習慣，她已經真的做到，每次銷售就是專注在當下，專注在「**我要讓客戶清楚明白產品的好處**」，我要讓「**更多人接觸到這個產品的訊息**」。

在這樣的前提下，她不擔心被拒絕，更不會去想「跟陌生人開口會不好意思」。自然不需要花時間在「工作前自我打氣、被拒絕後要懂得釋懷」心理建設的事。就好像禪宗的境界「本來無一物，何處惹塵埃」。

從中學時期到現在，關於銷售的深度，姍姍已有了 10 年以上的淬鍊，也因為出社會出的早，關於銷售的廣度，她也經歷

過各類型的銷售。包括最早時候是擺地攤，中間也曾當過臨時演員美妝大使，從傳統扯開喉嚨在街上叫賣，到網路行銷、網實整合企劃佈局，她都有歷練過。

她說「我只是很專注並且大量的在做很簡單的一件事：就是讓客戶清楚明白這產品對自己生活可以帶來的好處，在這個主軸的本質下，去做各種策略變化。這是我一直秉持的銷售心。而隨著科技的發達，我不斷調整的部分只是嘗試用各種新方法引起客戶對商品的注意，並從各種不同的角度（網路或實體、言語、圖片文案影片或整體形象等）去溝通，讓客戶清楚明白，這產品的對生活帶來的好處。接著，越多的調整產生越多樣化的銷售策略靈感，這些策略透過歲月的累積，便成為我腦中獨一無二的資料庫，屬於自己的十八般武藝。」

姍姍想跟讀者分享的是有了「銷售心」，結合不同的行銷策略，甚至轉換各式各樣的跑道，都可以無往不利。

所以，當新人問姍姍如何才能像她這般擁有強大的銷售能力？姍姍說這也是她目前需要突破的瓶頸，她在思考如何把十八般武藝傳承給團隊。她笑了笑說：「傳承這件事比銷售難很多。我很專注並且大量的在做很簡單的一件事：讓團隊成員知道，我主張的方法對他的銷售帶來的幫助。但是知道歸知道，最重要的是對方要願意執行、嘗試並且歸納出屬於自己最適合的模式，理論才會變成屬於他的腦子裡真正有用的東西。但是如果他不願意執行或是執行起來有打折，效果自然也會打折。我能提供的，是我嘗試各種錯誤所整理出來的結論，讓他少浪費時間走冤枉路。」

　　所以，台上 10 分鐘台下 10 年功，優秀是來自勤勞實做並累積，理論與方法是 10 分鐘可以念完，但真正的火侯功力卻必需要 10 年的淬鍊。

💬 不怕失去舞台的演員

姍姍也說，從 10 幾歲到如今輕熟女的年紀，她轉換過很多次的跑道，但銷售的主軸本質是不變的。

因為見證過 SARS 疫情和雷曼兄弟金融風暴，乃至於 2020 新冠肺炎對各企業的衝擊，今天是高管高幹，明天成為裁員名單的例子，不勝枚舉。姍姍從來不預設要在某個大企業裡卡位，安逸的待著或用盡一生往上爬，因為這樣做法對她而言是不夠的。

她非常明白：「一位演員若有了舞台有了劇本，才能展現所能。餐飲業的大廚師有了老闆打造設備齊全的廚房、有了一群喜愛他菜色的群眾，才能展現所能。航空業的機師空姐有了集團老闆打造航空公司、有了一群喜愛旅遊或商務探親需求的群眾，才能展現所能。而這些都可能會受到疫情、金融風暴等時事，而影響發展性。」

她還說：「與其害怕減薪、無薪假或裁員使自己在職場上的一切累積瞬間歸零，不如好好正視這一切，做好萬全準備。我無法奢望也無法掌控我的舞台永遠會在，我只能要求自己嘗試演出各種角色，把每個角色都演好，過自己最精采的斜槓人生。我還是有很多不足的地方，還在不斷學習。但我知道，當我能演出的角色變多了，我能演出公眾演說的角色、網路行銷的角色、組織培訓的角色等，我的工作邀約也會變多，機會與貴人會自然而然地來到面前。這個角色不能演了，我還可以演別的角色。」

💬 陌生人開發的技巧

　　但大家還是想問，如果先不求像姍姍這般完美，先不要苛求自己 10 年淬鍊十八般武藝，只問短期內如何可以創造銷售業績，最好的做法是什麼呢？

　　首先，怎樣面對陌生人？一定要選擇自己很信任很喜愛

產品。「我很信任自家產品，而且我徹頭徹尾相信，這是一個可以幫助人們的東西。」一個人只要對自己的東西很有信心、相信它必定可以幫助人，那再怎樣的銷售也可以做到「理直氣壯」、「無所畏懼」。

因此，姍姍在銷售前，絕對先做到，自己本身就很喜歡這項商品，所以，她當初選工作或商品時，也不是有就去做，一定是**要先確認這個工作與產品是自己打從內心與良知認同的。**當然，認同需要經驗，否則大家都說自己產品好，一個新人怎麼判定？這還是跟「累積學」有關，姍姍從學生時代就開始打工，並且從事的多半是跟銷售有關的工作，例如，她以前也常跑台北後火車站選貨批發服裝飾品，經驗累積讓她知道，什麼飾品受歡迎，什麼是頂級品，什麼是次級品？這看書沒有用，完全要要靠實戰經驗。

無論如何，當一個人銷售商品時，第一步就是要確認自己也很喜歡這個商品，不是只是「可接受」而已，是絕對的、真

心的覺得「這商品很好」、「可以幫助人」，站在這樣基礎上，姍姍面對任何陌生人，介紹她自己認為很好的商品，心無罣礙，也沒有懷疑。因為沒有罣礙，當然也不會有恐懼。

再者，嚴格的自我要求。如果一個人的本性就是「隨便啦！過得去就好」，姍姍認為這樣的人很難成為頂尖銷售人員。一方面，因為一個「不挑」的人很難感受到一個商品真的有那麼好。二方面則牽涉到自我要求問題。這也是姍姍接著要談的銷售第二步驟。

第一步驟是確認自己賣的是自己也很喜歡的商品，第二步驟，就是在銷售前，自己不但喜歡商品，並且也做足功課，真的去認識這商品。這是基本功，姍姍有時很訝異，很多銷售員竟然可以「一問三不知」，這樣的人如何得到客戶信任？

姍姍坦言，自己當然也無法做到百分百，世上很難有百分百，但至少她可以肯定，她在開始銷售前，已經對這個產品有

80% 的認識了解，當她面對陌生客人，至少 8 成左右的問題不會被問倒，客戶問什麼問題，她都已**問過查過資料，做足功課，並清楚在腦海思考過，轉化成客戶能夠理解的方式，告訴對方。**所有的資訊都是經過接收、消化以及整理，不是隨口亂掰的答案、也不是客戶無法理解的火星語。

那難免就真的有那 20%，如果客戶問出姍姍當下還真的回答不出來的問題，這就是「經歷」的一部分，其實問倒姍姍，她也很高興，因為她又多了解一個新的知識，原來關於這產品還有檢驗標準問題，以及面對過敏體質問題等等。如果銷售，就是把好東西分享給別人，不然就是，可以讓自己多學到新東西，那姍姍要問，到底銷售有什麼好怕的？銷售根本就是天下最有趣的事。

黃沙掩蓋不了真金的光芒

以銷售來說，姍姍已經締造絕佳的成績。但以整個生涯境

界來看，姍姍也表示，她還年輕，還有很多該學習的。她表示她應該要學習如何扮演不同角色，例如：教練的角色。

「因為對學習與實做很有興趣，面對工作上的問題對我而言是個有趣的過程，我喜歡了解細節，然後嘗試各種做法，最後選擇效果最好的做法去執行，再告訴夥伴我的實驗結果，讓大家照做，我太習慣親力親為，但相反的，我把所有事情都攬在身上自己做，也是剝奪其他夥伴學習實做，並且嘗試錯誤的機會。我還在學習如何像教練一樣放手讓其他人學習與實做，我希望我可以在旁邊觀察並鼓勵他們，試試把心中的想法做出來並選擇效果最好的一個。否則，所有學習的機會都讓自己搶走了，那底下人還有什麼進步空間？」這個角色轉換，是姍姍現階段的功課。

更進一步來說，其實姍姍要學會的是「不扮演什麼角色」，無為而為。

這是她現在的一大瓶頸，一個團隊如果能夠一起進步才能發揮一加一大於二的效能，如果只是姍姍一個人進步，永遠只能是一人團隊，當一個人無法做到傳承，那她就會落得自己疲於奔命。這是姍姍現階段有待改善的空間。也同時告訴讀者們，沒有人是完美的，人生總有待學的功課。

　　最終，姍姍對於所有有志於銷售、行銷、創業的人，特別是年輕人，她要以自身經歷再次強調，不管身處什麼位置，人生每一刻都值得珍惜。你現在的偷懶，影響的可能是未來一輩子的黯淡，她說，生命是現實的，但也是公平的。你投入多少的努力，將來都會變成你的東西。

　　就算擺地攤，她也每一步都很用心，因此造就她累積更深厚的「資料庫」，辛苦從不會白費。現在的她，則是應公司企業邀約策畫舉辦銷售演講，擔任培訓講師傳達她的「銷售心」，幫公司培訓更多人才。也會應商品主辦集團的邀約，擔任行銷顧問，規劃網實整合行銷戰略，或舉辦大型演講活動，擔任銷

售講師，幫主辦集團介紹好商品，也讓群眾認識更多台灣的好東西。

姍姍說，一個人的工作，可能因公司政策而必須被迫放棄，一個人的事業，可能因為時代趨勢，而不幸被淘汰，一個人的財富，也可能因為一個投資風險，甚至一次意外，而付諸東流。但唯有一個人的能力，你用心在哪，能力就在哪。姍姍希望和所有願意認真過生活的人，一起打拼，許下願景，「累積」更美好的人生。

姍姍想送給大家，她的座右銘也是她的經歷寫照：**真金，黃沙是掩蓋不了它的鋒芒。**

黃金，是如此的閃耀，再多的黃沙塵土也掩蓋不了它的光芒，任何惡劣混亂的環境、時空的交替更迭，也折損不了黃金的價值。當一個人把自己千錘百鍊成真正的「黃金」時，即使身處黃沙滾滾的混亂環境，他還是金光閃閃，讓貴人一眼就會

看見，伯樂識千里馬，那怕轉換不同職場、歷經各種起伏，也損傷不了他本質裡珍貴的價值。

築夢者心法

💡 **思維探討**：關於利己或利他與圓夢的關係。

✏️ **築夢銘言**：每個人都有本無形存款簿，這些分數，攸關這一
　　　　　　　　世的幸福歷練。

真心為人圓夢，
自己的夢想也能築夢踏實

謝美慧

　　談夢想，若也談起怪力亂神，似乎會讓主題失焦，畢竟，一談起類似靈異體質或者第三隻眼這類的話題，就感覺比較偏向午夜怪談、秉燭夜話的特別聚會，不夠「正式」。然而，對謝美慧來說，這許多年來，她從事的都是與眾人接觸的工作，幾乎每天都會接觸到新的朋友，認識形形色色的人，也由於她年輕時期就因為特殊經驗，對生死之事有很多感知，這讓她更珍惜這一世的情緣，她要用心過好每一天。對謝美慧來說，她夢想實現的定義：當一個人願意幫助更多人圓夢，那她自己也會擁有美麗的夢。

💬 別人看不見的阿婆

「未知生，焉知死」這是孔子傳世千年的箴言。對大部分在職場上奮鬥的人來說，其實光顧生計都來不及了，不會特別去思考什麼是生命、前世今生、未來世界等課題。

美慧當年也是一個平凡女孩，從求學時代開始，念書都以「未來謀生容易，出路要好」為考量。她去念了護校，也只是為了畢業後有個較穩定的工作。但也因為來到醫院環境，讓她在年輕時候，幾乎天天接觸生死之事。說是天天接觸，並不誇張，原因之一，她服務單位是在重症病房，每天照顧的就是腦中風、心血管病症、植物人、重度昏迷等生命數值偏低的患者。原因之二，美慧本身有靈異體質，在成長過程，常看到各類讓她略感納悶的現象，但直到在醫院服務，才真正知道，她可以看到的「人」，其實別人不一定看得到。

大部分時候，美慧都值晚班。某天她進到醫院，在入夜後已較少患者的候診大廳，看到一個病患，是位 80 多歲的阿婆，

美慧對她既熟悉也不熟悉，說熟悉，因為這位阿婆就是美慧長期照顧的臥床病患之一，說不熟悉，因為明明這位阿婆已經中風半癱瘓在床很久，怎麼晚上在大廳看到阿婆，有點悠哉的坐在大廳座位上，邊搖著藤編蒲扇，還邊和美慧微笑打招呼？美慧當天因為趕打卡，所以也沒和阿婆互動。等她到了護理診間，忍不住詢問準備交班的白天班護士，那個某某某怎麼……話還沒說完，那個護士立刻回她，怎麼那麼剛好妳提到她？我正要跟妳說，那位阿婆今天下午已經往生……。

那剛剛看到的是誰呢？美慧恍然大悟，想起她過往也常看見一些影像，事實上，在美慧的家族，包含她母親在內都有靈異體質，平常生活中不會提這件事，也直到那天，美慧才確知她跟生死交界的距離，跟平常人不太一樣。

然而就算有靈異體質，也不至於天天接觸生死之事啊？說也奇怪，只要美慧在值班期間，就經常發生這類的事情：明明在白天都還好好的患者，等她值班的時候，病人往生的比率就

偏高，似乎是「刻意」等美慧值班，才願意「離開」。這讓美慧每到值班都很忙，心裡難免悵然。說起來，死亡這件事應該不是病人可以控制的吧！會在哪個時辰嚥下最後一口氣，應該是隨機的，但也太剛好了，總是「等到」美慧值班，都剛好是患者跟人世告別的時刻。

當美慧體悟到自己的靈異能力，很多事就想通了。因為當「將亡者」的靈魂即將離世時，若感知到身邊有通靈者在場，會比較安心。那感覺就好像如果一個人孤身在異國旅行，難免會有些無助，這時候看到一個來自故鄉可以溝通的人，會感到很安心一般。當時的美慧，還只是個年輕的護士，照顧病人只是為了生計，直到這樣的體悟後，她才知道，她的工作具備不凡的意義，她感知到更多的責任，這對她後來的築夢路途有深深地影響。

🗨 讓他人安詳的離開

年輕歲月，是要累積生命智慧的。對美慧來說，她一畢業後就去醫院服務，提早看到了許多生死瞬間，但畢竟她實在太年輕了，本該美麗活躍的青春時光，卻要天天看著生離死別，對她來說太沉重了，於是她在醫院服務 6 年後轉換跑道。

當時的她，內心已經種下慈悲的種子。在醫院服務，大約最後一年，有天她以特別護士的身分，被派去做家訪，照顧一個病入膏肓，連送到醫院都沒辦法的末期患者。才剛到那戶人家所在的大樓，甚至還沒進屋子，光只是站在剛開啟的電梯口，就已聞到令人想要掩鼻的惡臭。那味道是長年不洗澡或者衛生狀況極差的人，才會散發出結合汗垢便溺等的濃重氣味。當天，美慧來到病榻前，她眼前的病患，真的可以用「行屍走肉」來形容，整個人呼氣多吸氣少，並且全身髒汙到都像長了一層癬。家人看到的是一個行將就木的人，但美慧卻感覺到病患的眼神還有最後的請求，於是，美慧請家屬准允，讓美慧為他洗個澡。

當天，美慧真的很用心，特別是老人家身體脆弱，搬運要格外小心，她帶他去浴室好好的全身洗浴，然後就在沐浴且著裝完，像是終於完成一件任務般，那老人家就面帶微笑，安詳地離世。

對美慧來說，她雖讓老人最終可以安詳離世，但畢竟是在民宅過世，之後還得出動警察做調查、法醫驗屍等，等確認是「病故」，美慧才能好好回家。然而，就在當下，美慧內心有種感覺，**所謂獲得，不一定要是金錢財富，如果可以真正幫助一個人，那樣的獲得會更大。**當時她也還不懂果報這類的智慧，只是想著純粹而無所求的付出。但在未來的日子，她終將體悟，這樣的無所求，反倒帶來生命中的圓滿俱足。無論如何，美慧還有很多人生功課要經歷。所以，後來選擇回歸校園，進修深造；同時想要多見見世面，於是，就在 25 歲時，決定赴日留學。

從護理師轉換成導遊

後來的美慧，成為一個專業導遊。從 20 幾歲至今，被她服

務過的旅客早已超過數千名。但早年，她投入旅遊業，其實也是一種因緣際會。原本她赴日前的心境，比較像是趁年輕去海外走走，體驗人生的想法，真的去到了日本，念了半年書就回來了。回國後有一天，遇到日本遊客想問她郵局怎麼走，美慧卻結結巴巴說不出來，這時，她才問自己，我在日本那半年到底在幹嘛啊？連基本日語對話都不會，真是浪費生命。於是，這回決心真的要用功求學，決定再次赴日，發誓要抱個學位回來。

中學時代念護校的美慧，赴日自然也想讀這方面科系，沒料到日本不承認台灣學歷，若要考取大學護理學位，必須從中學程度開始念起，這對當時已經 20 好幾的美慧來說，是完全不可能的選項。於是，她改選讀其他實務的科系，後來考上的是商業導遊科，美慧說，當初的重點是「商業」，完全沒料到她後來生涯的轉變，重心卻是在「導遊」，只能說世事難料。

在日本求學的美慧，比起一般學生，內心有更遠大的格局，

至少她已經可以看開生死，雖然，她尚未深入瞭解人與人間相處的更高智慧。關於靈異能力，美慧那時早已見怪不怪了。例如，某一天，她難得學校休假從日本回台，幾個好朋友聚餐；那天剛好是台灣農曆的 7 月 15 日，就在人潮擁擠（也就是所謂的陽氣旺）的火鍋店，她卻親眼看到一個「非人類」就站在桌旁，望眼欲穿的看著火鍋，但可能靈界也有靈界的規矩，沒受邀請，不可造次。

那時，剛好美慧對面的朋友去夾菜，而火鍋正沸騰著，大家都尚未進食，在民間有說法，祭祀時，要先讓鬼神用餐，人類才能用。既然大家都還沒用餐，美慧就用心靈溝通「准許」靈界朋友可以先用餐，於是「他」很高興的就坐在美慧對面座位上，在座的其他朋友，也剛好有一、兩人有靈異體質，也都看得到，但都沒表示意見，包括那位去夾菜的朋友，後來回來就直接坐回原位，身體與靈界朋友重疊，後來也都相安無事。

那年代，美慧就已經清楚知道，所謂鬼，只是另一個空間

的磁場現象，鬼不會害人，人才會害人。所以，有關人世間的事，不該把什麼禍害罪孽栽贓給鬼靈。

後來，美慧成功完成學業，不只真的成為日文高手，也取得專業導遊和領隊證照，直到今日，她以專業人員（Soho）的身分跟旅行社合作接單，主力服務日本旅遊，也承接日客來台導覽。

這 20 多年來，她也同時投入傳直銷事業，另外，也投資一些科技電子產業，不論在哪個領域，都做得都很成功，有了自己的富裕美麗人生。但對美慧來說，她後來知曉，她幸福人生的定義，她追逐的夢想，不是財富，而是更高的志向，她不只希望自己幸福，也希望真正幫助更多人幸福。

無時無刻都覺得自己好幸福

從在醫院照顧病人，到頻繁往返台日間，遊歷其他許多國

家；從醫院的生離死別場景，到帶團旅行，看到眾人卸下平日工作的職場面具；或是在傳直銷場合看到，有人茫然，有人充滿野心等等的人際關係。美慧也透過在不同場合與靈界朋友的互動，親身見證到人世間的各種人情冷暖。

她累積了很多平常人在學校學不到的人生智慧。雖然有些無法科學驗證，但美慧卻知曉這些事都是再真實不過的體驗，那就是：**每個人都有本無形存款簿，做好事會加分，做壞事會扣分，這些分數，攸關這一世的幸福歷練，也會影響到離世那一剎那後，面對新一世的抉擇**，具體來說，就是分數高的人，可以選擇更好的未來歸宿。

美慧也知道，如果她到處演講這方面主題，可能會被誤會是在宣傳怪力亂神，或者以為她是對宗教過度沈迷的信徒。

雖說會遇到誤解，但美慧認為對的事就該宣揚。她想到的方式，就是讓自己其他角色身分，能夠得到認同，增加她的公

信力。好比，美慧本身不只是資深的導遊，並且也是經常得獎的優良旅遊界典範。在傳直銷和投資事業領域，她獲得很好的評價，許多人都因為信賴她的人格，願意終身追隨她，這讓她不論是事業經營或者社會團體都有一定的粉絲群。

在最早時候，美慧還沒體悟到人生行善積德的寓意前，擔任導遊，其實就只是份可以照顧生計的工作，甚至當時的她，還一度不是很認同這份工作。那時的她，站在自我本位思維角度，會想著：「我花那麼多錢去海外求學，幾年苦讀累積了專業，難道就為了後來要帶團服務客人，必須鞠躬哈腰當人家的小弟小妹嗎？」旅遊就是服務業，她表面上做到專業，內心裡卻有所掙扎。直到後來發生一些事情，讓她真的幡然醒悟：服務應該是件很榮耀的事，你有專業，有這機會帶給人們幸福，其他人沒有你的專業，還做不到呢！

有一回，帶團旅行，其中一組客人，是一個媽媽帶著 4 個小孩，住宿時 5 人共住一個房間。在旅程間，透過聊天得知，

這 4 個孩子，其中兩個孩子是媽媽自己生養的，另外兩個是她的姪女，只因這回旅行社推出優惠方案，小孩可以特惠價，才在不佔床的前提下，以最少的預算，帶 4 個孩子旅行。當時秉持著服務原則，美慧不因這組客人比較經濟拮据（也就是無力額外消費）而怠慢她們。相反地，因為這組客人，有 5 個人住一個房間卻只有兩張床，所以，美慧每晚還需幫他們張羅地舖等等，更加辛勞。過程中，美慧和 4 個小孩中年紀最大的國中生聊天，才知他們的父親已經過世，媽媽辛苦撫養他們長大，孩子也都聽話，媽曾說過，若考第一名要帶他們去日本迪士尼樂園玩，無奈經濟狀況不容許，好不容易等這回旅行社有特惠方案才能成行。

聽著聽著，美慧藉口說有事要處理先離開，其實一走出房門，她就哭到泣不成聲。這一刻她覺得過去自己的心太封閉自私了，竟然沒有去看到人與人間種種的溫暖，也不夠珍惜情緣。仔細想想，大家都想要積福報，但她何其有幸，有導遊的專業可以經常服務別人。並且，航空公司不是她開的，旅行社和餐

廳也都不是她的，迪士尼樂園更不是她的，但她能有這機會讓這些資源為自己所用，專業服務每位客人。從那刻起，美慧無時無刻都覺得自己好幸福。

你也可以是個圓夢人

轉換心境後，美慧不但對導遊工作引以為榮，並且她真的經常因為服務熱誠，以及親切笑容，在每次旅客留言表上，都大力稱讚她。她也因為專業的服務，獲頒年度最佳導遊獎。

那回，也是在日本帶團旅行，在東京郊區的一處公路，由於交通比較壅塞，景點尚未到，遊覽車先停在一處休息站，讓旅客上廁所，明明千交代萬交代，要旅客注意安全，但還是有一位客人，一下車後，不依規定走天橋，想直接穿越馬路去廁所，才剛衝出去就立刻被一輛車撞翻，幸好，那輛車車速不快，被撞的人雖受傷但沒有生命危險。

美慧獲獎的理由；當碰到事件時，她充分展現專業及臨危不亂，能用最快的方式做各種安排，包括聯絡醫護人員、聯絡外交單位，也包括很快的找到其他導遊協助帶團，美慧自己則在那段時間全天候陪同傷者。原本這可能是件對公司對旅客都很不愉快的經驗，但最終，美慧做到真正雙贏，她既沒讓旅行社損失太多金錢，也沒留下壞印象，旅客本身更自知是自己不對，很感激美慧的全程陪伴，把保險及照護事宜都做得很圓滿，非常難能可貴。

　　但美慧雖被很多人感謝，她自己反倒更心存感恩。她感恩很多貴人協助，也就是在那一年，美慧首次接觸到慈濟。那時候她原本聯絡台灣駐外辦事處人員，在做了相關安排後，對方提到之後也會有師姐過去協助。當時美慧不知道「師姐」是什麼？以為自己聽錯了，沒再去追問。後來才知曉，師姐就是指慈濟的志工，她們的無私奉獻，讓美慧真的很感動。在旅客住院期間，還好有這群師姐，真的既出錢又出力，很多師姐住的地方根本離東京很遠，但還是天天搭乘火車與電車前來協助。

原來人間真的有溫暖。

這也讓美慧想起，當初她被那組單親媽媽帶 4 個小孩到日本迪士尼樂園旅行時感動的心情，她恍然大悟，原來我不只是個導遊，我還是個「圓夢人」，我的存在，可以讓那些小孩得到圓夢的可能。她也深知，每個人都可以是其他人的「圓夢人」，她開始立下志願，有機會自己要為別人付出，也要四處去宣揚替人圓夢的理念。

💬 助人真正的意義

每個人認真想想，我們每天是透過什麼方式助人？是真正助人嗎？還是只是想做給別人看？好比說，若你現在做一件事可以帶給大家很大的福利，但你做這件事不會有人看到，你願意做嗎？

所謂服務以及助人，分野是什麼？廣泛來說，我們做任何

的服務業，例如諮詢顧問、在餐廳端盤子遞菜單、或是在傳直銷業為新人做解說，我們都可以說是在做服務，同時也可以說自己在助人，但真的是如此嗎？仔細想想，很多事情，其實都有獲利的成分，如同美慧擔任導遊，早先時候的她，賺錢的心態大過助人的心態，因為她在工作，有賺錢；但你也可以說美慧在助人，用她的專業在服務所有人。

美慧得到最佳導遊獎，獲獎的理由，就在於她無私的付出。畢竟，那次事件，是旅客自己的問題，美慧只要做好基本的協助，其他交給醫護及保險人員即可，但她卻站在付出的心態，後來為傷者做了更多的協助。同時，因緣際會接觸了慈濟後，也了解所謂「大愛」的真諦。

當然很多事不能強求，都要靠個人體悟。原本每個人都有一定的關懷圈，也就是以自身為核心，第一圈是自己家人，你願意無私付出，第二圈是親密的朋友，你願為他們付出，第三圈是普通好友，你願意花時間和他們聚會，第四圈第五圈……

關係可以不斷延伸，越來越遠。這些多少都還是以「自己」利益為核心，做成的「付出」評鑑。唯有當一個人願意「不只自己好，也真心希望大家好」時，境界才會有所不同。

美慧真正感悟到，真正的大愛，其實已經超脫了宗教，一**個人願意包容，願意站在別人角度想事情，那不是靠教條訓諭，而必須靠自我體悟**。不論是佛教所說的超脫，基督教所說的奉獻，萬流歸宗，其實都是直指人心。她本身很感激從年輕時代，那些聽來有點怪力亂神的靈異體驗，讓她很早時候就感知到，人與人間除了交際面，更深的是心靈面。你怎知一個表面上嚴峻威嚴的企業家，其實內心也是需要被溫暖呵護的呢？當卸下面具，你我都是需要被關懷的靈魂。

當一個人跳脫小我的框框，心就會變得自由。在辦公室文化中，最常見看不得別人好，有人升官，自己就吃味，或者同學會時，人家月薪比我們多一萬，就覺得不平衡等等。表面上，大家都處在民主社會很自由，但當內心無時無刻不被這些忌妒

怨恨，被種種人與人間的相互比較牽制時，其實人心根本不自由，而是被名利慾望等綁住而受困著。

　　美慧後來逐步讓自己心境改變，站在真正助人的心境下推廣事業。導遊是服務至上的工作，其他的工作領域，例如傳直銷事業，如果覺得整體氛圍大家過度看中如何獲利，甚至帶著貪婪有色眼光看人，她就覺得這不是好的事業；美慧覺得她若將來可以創立比較大的事業體時，事業的主力，應該是幫助人成長與謀生，她不希望只當老闆高高在上指揮他人，也不是那種「我給你錢，施捨你生計」的經營方式，她理想的工作，是**釣竿的概念，讓原本可能沒自信的工作者，在工作中可以學到技能，也找回做人的信心。**

相信夢想可以被實現

　　在「人助不如自助」的想法上，美慧認為，每個人都可以成為幫助他人的人，但每個人若不想讓自己成為好像是「被幫

助的弱勢」，關鍵有兩個，第一，用提供釣竿而非直接給魚的方式助人；第二，要真正長遠的助人，而不是「今天你幫助他，他可以站起來，明天你不在，他又倒下去」，那就真的要做到啟發人們內心自我覺醒。於是，美慧決定投入新的志業，透過「演講」，宣揚「天助自助」的概念。

「天」是什麼？對本身有靈異體質的美慧來說，她清楚知道有另一個空間的存在。但對一般人來說，「天」是什麼？美慧認為，信仰真的很重要，信仰，沒有對錯（當然不是指那些觀念偏頗的邪教），重點是要去「信」，不論那是佛教、基督教、天主教或是回教，「信」然後心靈就有了依歸。

談到這裡，美慧覺得要來講一本書，一本全球耳熟能詳的暢銷書，叫做《秘密》。關於這本書，大部分人覺得好玄，只當成是姑且讀之，但不是那麼相信。但美慧覺得書中的基本道理是對的，當一個人有自己的夢想，要真心地去把夢想描摹出來，然後當我們自認只是平凡人，似乎沒有「神力」，怎麼辦？

這時候宗教信仰就可以派上用場，只要你願意相信，全宇宙的神佛都願意助你一臂之力。

美慧認為，《秘密》書中所說的「心想事成」，必須要有兩個前提：

一、你必須夠善良。

你許的願，不能去害人，並且你想要的願望，不能是不勞而獲。具體來說，就如同前面說過的，每個人要累積自己的無形存款簿，每做過的善事，就好像一筆存款。

二、你必須要「相信」

相信才有力量，如果一個人根本不相信菩薩上帝，那他少了一個與天地連結的環節，明明要跟宇宙下訂單，但卻又不相信宇宙內有超越自己的力量，那是無法心想事成的。

美慧再次重申，信仰哪種宗教都可以，她不會評斷哪個宗

教好哪個不好，真正要強調的重點，希望人們心中有「神」，也因為這樣，每個人心中就有一個信念的監督者以及付託者，不是很多人擔心自己為善不被看見嗎？那麼，有了神，就不用擔心你的付出被埋沒。神蹟是什麼？一個人越是不相信，那他就越看不見神蹟，然後就更加堅信根本沒有神蹟。這是負面循環。美慧希望，人人心中有善念，也有信仰。這也是美慧想要投入的志業。

以美慧為例，20多年來，她因為投資也因為要照顧家人，和所有人一樣，她也有經濟需求。她的工作，不論是導遊或傳直銷，其實都不是領固定薪水的，但自從美慧相信信仰的力量後，她每回出團都會真心虔誠地去廟裡祈拜，除了祈求旅遊平安外，也會提出有關經濟方面的需求；例如，她這個月有個資金缺口，需要一筆錢，她在出國前的拜拜，也會跟神明報告。然後，真的很神奇的，美慧說20多年來從沒有例外，就那麼剛好，她每次出團，所獲得的收入，就剛好可以補足美慧的資金缺口。

前提是美慧不會貪心，不會說給我一百萬，給我賺大錢等，她只是真誠地提出，她現在因為什麼事，這個月需要一筆什麼錢，後來那筆錢就真的會賺到。甚至有時候，在旅遊過程，都已經到了要回國準備送旅客去搭機，但那次旅客們購物的業績金額尚不足。但神奇地，往往這時候，就有旅客說，要回國了，但紀念品買不夠之類的，要求加訂緊急送到機場，正剛好補足業績的缺口，真的就是那麼神奇。

　　最後，美慧強調，這不是要講怪力亂神。但衷心希望人人心中有愛，也有好的信仰。夢想在那裡？**夢想在每個人的心裡，發諸心願，透過信仰及宇宙的力量散播出去，夢想終究會實現。真的，你要「相信」。**

築夢者心法

思維探討：如何既圓自己的夢，又能幫助更多人圓夢？

築夢銘言：懂得抓住趨勢，找到對的平台，讓創業可以事半功倍。

微商教父打造
助人圓夢的事業

呂世博

　　圓夢，是每個人來世上這一遭，都在做的事。有人一生追逐一個大夢，無怨無悔，只求更高境界，沒有放棄與轉彎。有人多方嘗試，仍找不到人生方向。即便如此，仍然是有個尋夢的過程。最糟的是渾渾噩噩，得過且過，沒有夢想的人生，當走到人生盡頭，才發現一事無成，那樣會是比較遺憾。除了上述三種人，還有一種人，他不僅僅本身努力圓夢，還設法去幫助他人圓夢，「如何幫助更多人圓夢」這件事，就是他的人生夢想。

　　呂世博，人稱「微商教父」，是台灣微商界獲獎無數的楷模，他的人生，就是一個先努力自己圓夢，繼而幫他人圓夢的歷程。如今，這件事不只是夢想，是已經真正幫助每個築夢人實踐落實夢想的現在進行式。

💬 吃得苦中苦，方為人上人

呂世博時常說，要幫助一個年輕人，最好的方法，不是提供多樣資源豐富他照顧他；不是把東西準備得好好的，並把標準答案告訴他。愛之，適足以害之。

他主張教育，應該先讓一個人懂得吃苦，這樣他才能真正得到學習。後來他雖引進「微商制度」，可以讓新人更容易啟動事業模式，但過往以來，世博都是鼓勵年輕人，勤勞踏實不怕吃苦，方能成為人上人。即便現在已經事業有成，微商模式已幫助許多人創業。世博依然每天親自站在第一線，帶領團隊一天工作至少10到12小時。吃苦耐勞，已經成為他的工作基因，進階到「吃苦也不為苦」的最高境界。

呂世博是近年來經常出現在各大媒體的成功企業家，在成為「微商教父」前，就已經在傳統實業經營有成。他說自己從小苦過來，故能充分體會「能者多勞」的意義。

小時候原本家境還算小康，父親擁有祖父遺留下來的遺產，卻因染上惡習，沉迷賭博散盡家財。導致世博有比較坎坷的童年，當別的孩子都可以伸手要什麼爸媽就給什麼時，世博卻必須為基本生活條件而煩惱著。這讓他小小年紀就清楚的知道，「出人頭地」不是一個選項，而是他一定得達到的目標。不成功，就得貧窮一輩子，這樣的認知，讓世博在求學時代，有一個強大的動機，必須靠學歷脫貧，也促使他退伍入社會沒多久，就能夠白手起家。

　　因為成績夠好，世博找工作非常容易，他一路以優異成績從台大畢業，後來還是中央工管所的榜首。以這樣優秀的資質，年輕時第一份工作，自然就是去當年人人最嚮往的竹科上班，服務於國際知名的半導體公司，在那個年代電子產業正當紅，竹科上市櫃公司員工的年薪高達數百萬，這樣的收入，對年輕人來說，可以算是「出人頭地」了。世博親身體驗到人人稱羨的工作後，卻覺得這並不是他理想中的工作模式，更離他心目中理想的生活型態相差甚遠。一天大部分時間都必須關在廠房，

生活少有其他樂趣，基本上就是上班→回家睡覺→第二天再來
上班，日復一日如此，就算薪水再高又有何用呢？

　　於是，在世博的生涯中，上班族的生活就只有短短的一年。
很快地，他就走向創業之路。

💬 年輕創業必須承擔風險

　　創業路程走起來，有順有不順，曾經 30 出頭就年收入千萬，
也曾經因資金調度問題，公司差點經營不下去。經濟部過往就
曾統計，新公司創業 1 年內倒閉者高達 90%，5 年內創業失敗者
更是高達 99％。創業真的不容易。世博常跟年輕人分享，現在
他引進微商，等於是他用自己的資源，分攤原本創業的風險，
在微商的模式下，除非自我放棄，否則創業一定可以成功。

　　世博自身的創業歷程，大約就在 30 歲的時候。那時還很年
輕的他，也坦承自己雖想要追求更好的生活，但尚未有太多的

人生歷練，並不真的敢創業。但當初剛好有一位深具冒險性格的朋友邀他一起合作，這兩人，一個是樂觀肯衝，一個是專業認真，形成最佳搭檔。2002 年兩人合夥，世博本身則是和銀行貸款 100 多萬做為創業資金，共同投入電腦周邊硬體設備生意，因為抓準時代趨勢，很快地就賺到錢，在 2004 年時年獲利已破億，身為股東的他，當時就已經是千萬富翁。

初次創業雖成功，但世博並不看好電腦產業的未來，當時他就看出，3C 產品淘汰率太高，今天的冠軍，可能明天就被更新的產品取代，這樣難以做到長遠。他本身看好的產業是生技業，趁著年輕朝氣正蓬勃，並且手中已有足夠資金，2005 年世博決定離開合夥的電腦周邊硬體公司，正式自己獨資創業。創業過程會經歷種種考驗，當年因為抓準社會趨勢讓世博大賺一筆，但那次的創業其實並沒有讓他學到「跌倒」的經驗，2005年，他才進入學到了「創業挫折學」。

首先，在資金上，世博在上一家企業賺來的錢，其中有大

約兩千萬，因為投資失利，全部賠光。還有 1,000 多萬，則都用來創業，以此成立維科生技有限公司。創業維艱，世博艱苦的撐過那段日子，從 2005 到 2007 年一連賠了 3 年，到後來資金告罄，幾乎要宣布結束營業前，總算靠著大學好友支援的 300 萬元。最終撐過難關。

到了 2008 年，企業突破創業關卡，真正找到自己的出路，自此事業越來越茁壯，此刻，公司已經成立超過 15 年，算是小有規模，並在 2018 年引進全新的微商事業模式，打造婕樂纖品牌，讓事業更上一層樓，因為這樣的模式空前的成功，他被譽為台灣的微商教父，實至名歸。

如同他接受訪問時所說：「微商是新型態的社交電商與微型創業綜合體，一個完善的創業平台與培訓系統，以及優渥的讓利模式很重要。婕樂纖不僅提供零售產品，對於想要創業，但是沒有足夠資金的民眾，也可透過微商方式輕鬆創業，也因此讓非常多的家庭主婦、單親媽媽找到事業的第二春，亦或協

助藝人網紅、個人網拍、空姐、美甲美睫從業人員等，發展出第二事業。」

創業有成也要懂得轉型

其實在 2018 年以前，世博的維科生技，已在美妝保養品市場上佔有一席地位，在大陸與香港有超過 100 家屈臣氏與百貨公司設立專櫃，跟各大傳統通路也都有合作。但如同 2005 年時，世博看出未來趨勢，知道電腦周邊產品發展有所侷限，急流勇退，轉換到新的生技領域。2018 年，世博也早已發現，時代變了，傳統通路雖然不會消失，但的確會被逐步取代。網路不僅僅是新的銷售通路，甚至還會改變整體的營運模式，而一直守在台灣並無法和世界接軌，因此，他也經常去海峽對岸以及世界各地接觸最新的第一手資訊。

關於微商，顧名思義，微商的「微」指的是微信，因為中國不能用臉書，所以微信是最重要的社群平台。微商先從微信

起家，是起源於內地。微商不同於傳直銷，每個加入者並非上線下線組織的概念，反倒比較類似傳統商業模式大盤、中盤、小盤等批發零售的概念，微商投入者，都是一個個加盟代理商，他們可以透過微信朋友圈分享與銷售產品，除了可以賺取產品銷售的零售利潤，還可以賺取開發分店的利潤，就如同是分公司一樣，總公司授權分公司可以開發與輔導分店，分店的進貨都是跟分公司進貨就好，這點就與傳直銷完全不同。

早在 2013 年，中國就已經成功誕生微商事業，估計到 2020 年已有超過 5,000 萬人從事微商，總體營業額也突破一兆。最具代表性的就是台灣藝人林瑞陽張庭夫妻檔的保養品公司。世博最早接觸微商時，他本身已經算是成功企業家。若以圓夢的標準來說，他事業有成，真正圓夢了。但為何他還去追求其他商業模式呢？一方面是因為他看出時代趨勢的變化，另一方面他其實更在意的，想找出一個幫更多人圓夢的事業模式。過往，他只能靠給予員工薪資及福利，但對許多員工來說，他們也想圓創業夢，微商正是他新找到的一盞事業明燈。

微商體制讓低成本輕鬆創業

微商雖是一種時代趨勢，但不同的產品以及文化，會有不同的應用。世博結合不同微商事業的精華，開創屬於自己的商業模式，2018 年 1 月在台灣上市的纖體品牌——婕樂纖就採用微商模式，一年內就累績吸引了超過 1000 名代理商，纖體產品銷售總數量累計超過 100 萬包，創造第一年營收就破億的佳績，快速成為台灣第一名的纖體品牌，同時締造了讓代理商第一年就月賺百萬的奇蹟，其中有年僅不到 25 歲的網拍學生以及兩個小朋友的寶媽，同時，也因為纖體產品爆紅，吸引了星馬與大陸國際級的代理商加入婕樂纖。

如果光以營運數字分析，較不易感受到創業的利基。世博經常跟代理商分享，假想自己處在微商模式尚未導入前的世界，那時候，做什麼都要投入一大筆錢，連開早餐店，都至少需投資幾十萬，就算在夜市擺攤賣便宜的成衣，也需要一定的租金及批貨成本。投入那麼多成本，到底可以賺到多少錢呢？

如果以一般中小型企業來說，想要每年淨賺 300 萬元，不包括固定成本，光每年變動成本如進料、人事、管銷等，一定得超過千萬。反過來，換算成婕樂纖代理商，若想要每年淨賺 300 萬，他必須投資多少呢？相對傳統產業來說，代理商幾乎沒有成本。世博表示，婕樂纖的一般代理商（不需要最頂尖），每月淨賺 30 萬元是可以的，一整年下來還有可能超過 300 萬。所有營運成本，從最上游產品端的研究開發、取得認證，到整體行銷和形象包裝，通通都不需要代理商操煩，都由總公司來負責。

　　為何一般商品進到消費者手邊要有相當的價格呢？那是因為太多人與事參與從工廠到你手中的每個過程環節，不論上游的生產和中游的批發，最終透過通路到消費者手中。

　　好比說，經營一家屈臣氏，就需要有個店面長時間開燈、開空調、聘用早晚班工作人員，分配一日諸多流程，只為最後當消費者走進店裡，可以選購到商品，拿到櫃台去結帳。

商品售出，屈臣氏當然要收取利潤，即便如此，屈臣氏卻不會因此給廠商特別的待遇，不會把你的商品擺在最明顯的地方，更不會主動跟來客說，這裡有個不錯的營養保健品叫婕樂纖，歡迎選購。至於後續售後客服，如何搭配消費者使用狀況做諮商及追蹤成效，更非傳統通路可以做到。

　　現在，把那些過程中的繁瑣，藉由網路科技的社群普及優勢，讓每一個單一個人扮演屈臣氏的角色，並且每個人都會更專注在推薦自家的商品。就因如此，把利潤分給每個代理商是理所當然的。對每個代理商來說，既然那些傳統銷售的支出對他們來說幾乎等於 0，也就是說，他們的毛利就相當於是淨利，代理商真的可以把精力更專注在售後服務，提升每個消費者的使用好感度以及信任度，最終，許多的消費者也都願意轉型成為總代理。所以，世博強調，這絕對是種創業，就好比，如果我們加盟 7-11 便利商店或加盟其連鎖體系，我們會被稱做是老闆，也真的會擁有自己的事業。那麼同理，微商體制下的每個代理商，也真的個個是老闆。不僅僅是老闆，世博的願景是引

領每個人成為「賺錢的老闆」，這才是真正圓夢的推手。

關懷他人，助人圓夢

如果說，一個企業家，建構一個商業平台，以低成本提供給加入者，從此就只負責監督，坐等龐大長遠獲利，這樣可以算是「幫人們圓夢」嗎？同理，廣義來說，每個經營商辦大樓的房東，將一個個空間對外招租，他也可以號稱是幫助很多人圓夢，畢竟來承租的人都是創業者，都是想圓夢的人。

世博認為「幫人們圓夢」，不應只是提供平台，也不僅僅是提供一個制度、提供一種銷售代理資格而已。如果只是這樣，他不需要每天花那麼多時間工作，而可以盡情去遊山玩水。但世博是有使命的人，他認為他必須領導管理團隊，要讓每個代理商知道，總公司不僅供貨給他們，並且要做到最重要的一件事：就是讓商品「好賣」，這樣才算幫代理商圓夢。身為每位代理商背後的最大支柱，世博覺得他有持續的義務，要永遠擔

任代理商背後的 Back-up。

　　怎麼樣讓商品變好賣呢？第一，也是最根本的，就是商品本身要具備好品質，並且這品質不是自己用喊的，而是背後有科學數據做背書。第二要加強宣傳，包含形象及知名度提升，都要付出很多心力。第三，更要時時結合不同趨勢，做出種種的行銷規劃。包括找到代言人、異業合作行銷、置入性行銷等。世博的團隊投入很多心力，每個環節，都聘請專門的人來負責。

　　世博表示，如果單以微商品牌來說，婕樂纖不敢說是最大的，也難以確認是否是第一個引進台灣的。但以用心程度，絕對是品質要求標準最高的。包含體制內就有 3 位營養師、2 位合作醫師。旗下有自己專屬的工廠，而不論是工作環境、作業流程，都符合各項安全及環保認證，產品更是獲獎連連。這些，都是讓代理商可以真正獲利的資源。

　　在世博及其團隊的努力下，2018 年才正式創立的婕樂纖，

到了 2019 年已經光芒萬丈。在台北市生物技術服務商業同業公會、醫學美容暨美容產業促進發展委員會共同舉辦的「2019 亞太美業精品獎」頒獎，婕樂纖一舉奪下 3 面金牌。同年 12 月，婕樂纖再度榮獲 SNQ 雙料冠軍殊榮。國家品質認證標章 SNQ，有生技界的奧斯卡獎之稱，代表了 Safety and Quality 安全與品質最高標準。而「婕樂纖」在微商教父呂世博的領導下，已連續兩年獲得 SNQ 國家認證最高品質的榮耀。

如同世博在受訪時表示：「其實要拿到 SNQ 認證相當困難，SNQ 審核機制相當嚴謹，由國內 160 位以上食品、藥品、生技、製藥、醫療等各領域頂尖專家，從產品的配方設計、原料、半成品、製程一直到成品，每一道關卡都必須有科學實驗數據佐證、第三方公正單位檢驗報告及使用者滿意度調查等，層層嚴格把關審核。這次婕樂纖產品纖纖飲 Plus 及輕暢纖酵素雙雙拿下 SNQ 國家品質認證，成為台灣微商企業產品唯一擁有 SNQ 認證標章，確實相當不容易。」在品質保證下，世博的更大心願自然是關懷他人並助人圓夢。如同世博在接受精品獎表揚曾

表示，他的創業植基於一個關懷的理念，起初因家族內有人長期飽受肥胖與糖尿病痛苦，為了能幫助到家人，於是開始組建營養師與醫師團隊，研發推出營養均衡的賀爾蒙平衡的健康管理方案，成功輔助家人的健康。

就是說，這不僅僅是個幫助人們增加收入圓夢，由於創業是立足在健康的基點上，所以是真正可以帶給代理商全方位的幸福：既能賺錢致富，也擁有健康美麗的體態，為了更落實健康，婕樂纖同步推出網路纖體班，讓專業的營養師可以直接諮詢客戶，並且提供完善的飲食方案，纖體班的營養師更可即時的指導飲食與產品使用問題。

在助人方面，世博於 2019 時受獎時公開資料，婕樂纖一年內已經有超過 20 位經銷代理商每月淨賺超過 30 萬元，全台已經有超過 2,000 位經銷代理商。在本書出版的 2020 年，在他的微商體制內發光發熱的代理商，數量肯定更多，世博非常肯定，微商創業前景可期，未來，整體市場將會大幅向上。

微商創業者的成功法則

世博經常在公開場合強調，微商雖是個讓代理商省去大量成本的優質制度平台，但各種傳統的價值，包括勤奮做事、和客戶做良好的互動等等，這些都有賴每個代理商，認真用心投入。

因應現代網路社會趨勢，一個人即便擁有代理權，在銷售時，也必須各憑本事，怎樣吸引人進來和你在線上互動？這是一門學問；人進來了，怎麼留住，以及怎麼將他們變成長期客戶？那又是另一門學問。這樣說起來，個人創業好像也不那麼容易。

世博也知道，很多的加盟代理商，可能是弱勢族群，包括要教養小孩的單親媽媽，或身心障礙難以找工作的人。他們一方面資源有限，一方面過往可能也較少有系統化學習的經驗。因此，對婕樂纖的所有代理商，公司都會安排一系列嚴謹的課程；建立觀念，例如有關「如何正向積極」、「如何懂得最新

的網路趨勢」等等；也包含各類經營實務：「如何透過話術銷售」、「如何正確介紹產品」等等。並且還包括技術面，例如「怎樣製作一支美美的影片，讓產品更吸睛」。這些課程，在婕樂纖體制內，是一種基本的福利，甚至也可以說是義務。因為世博認為，要投入這行就要用心，如果本身不會，那沒關係，肯學就好。若本身不會，又不肯學，那就是代理商自己的問題了。

基本上，代理商和總公司不是員工關係。但在世博眼中，卻都是他要照顧的對象，等於這些人，可享有傳統公司制度的許多福利，卻又同時享有當老闆的優點。例如為了獎勵 2018 年績優的代理夥伴，世博在 2019 春酒晚宴還大手筆的獎勵兩輛賓士新車，並全程招待超過 50 位代理商到沖繩旅遊。也不斷給予代理商更美好的願景，清楚的告訴所有代理夥伴，不只要成為台灣第一的社群微商品牌，更要帶領代理夥伴們搶占大陸與東南亞市場。

如同那句老話：「我可以帶你到河邊喝水，但終究水你要

自己喝，我不能幫你喝」。創業自有一定難度，即便已經有總公司付出那麼多，代理商仍必須要自己加強實力，才真正算是自己創業有成。

💬 領導人要能激發築夢者的信心

關於世博的圓夢之路，**在年輕時他追求的是富裕，這是很大的目標，他也達成了。但當有了財富後，他明確的認知到，金錢絕對只是工具，生活才是人生的本體。**

植基於這樣的理念，世博的圓夢計畫，有了具體的靈魂。例如推廣健康產品，以商業角度來看，是符合時代趨勢。但在創業魂中，世博也有他的感性面，例如當初就是為了能幫助到家人，組建營養師與醫師團隊，研發推出營養均衡的賀爾蒙平衡的健康管理方案，成功輔助家人的健康。

而在後來創立微商輔助創業的歷程中，也有許許多多感動

的故事。曾經有一位年輕媳婦，原本因為家庭經濟問題，長期
與先生感情不睦，也和婆婆屢屢起衝突，這個家庭已經瀕臨離
婚邊緣。但那位媳婦，後來接觸到婕樂纖，過程中，她一方面
透過學習成長，讓自己更懂得溝通，二方面她的事業漸漸有起
色，後來竟然成為家中經濟的一大助力。世博最早接觸到這位
媳婦時，那個家氛圍很差，但後來世博到他們家吃飯，感覺到
的就是一個和樂融融的家庭，婆婆還親自下廚煮飯給媳婦。在
新事業剛開始起步，甚至婕樂纖這個品牌名稱都還沒確認前，
世博就已經在推他的夢想了。

現在是婕樂纖聯合創始人之一的歐小姐回憶，事業啟動前
一年，也就是 2017 年，當時她和先生的情況，可說是窮困潦倒，
因為投資餐廳失敗，不只沒賺錢，還負債 50 萬元。就在萬念俱
灰，失去鬥志的時候，因緣際會認識世博。歐小姐印象深刻的，
不是產品及制度，反倒是世博這個人給他們一種勵志正面的態
度，她就是聽了世博的一席話，心靈感到振奮，心想，如果世
博以前從未經營過這個產業，卻都願意投入幾千萬資金要來經

營微商，那麼她現在只是買商品當個代理商，也不需要冒什麼險，為何不再拚一次看看？

雖然不需要很多資金，但歐小姐當時家中負債累累，甚至加入代理前一晚，夫妻還在討論，若有錢為何不去幫孩子買奶粉，而要投入微商呢？但經過溝通，夫妻決定還是要創業，就這樣，從那時候負債的狀況，很快地隔年他們就把債務全部還清，還淨賺數百萬元，也因為營運績效良好，獲得公司贈送一輛賓士轎車。一個助人圓夢的領導人，不僅要幫人創立平台、提供各種資源，甚至要從內心層面為對方打氣。助人圓夢者一定也要是很好的激勵者，懂得激勵的領導人，才能真正激發團隊築夢的信心。

世博，雖已年過 40，但外表完全仍像個 30 幾歲的壯年實業家，所以他自己就是產品的最佳代言人，他的皮膚和氣色，若跟人家說他只有 20 多歲，大家也會相信。這也是世博品牌維護的一種責任，為了要讓品牌好，他自己本身也要勤健身，每天

做好清潔保養，呈現出健康的自己。

最後，事業正不斷蒸蒸日上的世博，總不忘要幫助更多人，他也鼓勵讀者，創業不分年紀，也不要因為資源不足而感到有所限制。任何人如果在原本的工作模式中，發現難以圓夢，那麼，微商事業會是個理想的新選擇。

助人圓夢，透過和正確的平台做連結，人人都可以因夢想而偉大。

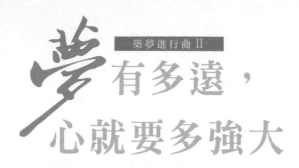

築夢進行曲 II
夢有多遠，
心就要多強大

主　　　編／林裕峯

美 術 編 輯／申朗創意

總 編 輯／賈俊國
副 總 編 輯／蘇士尹
編　　　輯／劉佳玲
行 銷 企 畫／張莉榮・蕭羽猜

發 行 人／何飛鵬
法 律 顧 問／元禾法律事務所王子文律師
出　　　版／布克文化出版事業部
　　　　　　台北市中山區民生東路二段 141 號 8 樓
　　　　　　電話：(02)2500-7008 傳真：(02)2502-7676
　　　　　　Email：sbooker.service@cite.com.tw
發　　　行／英屬蓋曼群島商家庭傳媒股份有限公司城邦分公司
　　　　　　台北市中山區民生東路二段 141 號 2 樓
　　　　　　書虫客服服務專線：(02)2500-7718；2500-7719
　　　　　　24 小時傳真專線：(02)2500-1990；2500-1991
　　　　　　劃撥帳號：19863813；戶名：書虫股份有限公司
　　　　　　讀者服務信箱：service@readingclub.com.tw
香港發行所／城邦（香港）出版集團有限公司
　　　　　　香港灣仔駱克道 193 號東超商業中心 1 樓
　　　　　　電話：+852-2508-6231　　傳真：+852-2578-9337
　　　　　　Email：hkcite@biznetvigator.com
馬新發行所／城邦（馬新）出版集團 Cité (M) Sdn. Bhd.
　　　　　　41, Jalan Radin Anum, Bandar Baru Sri Petaling,
　　　　　　57000 Kuala Lumpur, Malaysia
　　　　　　電話：+603- 9057-8822　　傳真：+603- 9057-6622
　　　　　　Email：cite@cite.com.my
印　　　刷／卡樂彩色製版印刷有限公司
初　　　版／2020 年（民 109）7 月
定　　　價／300 元

ISBN：978-986-5405-83-0

城邦讀書花園　布克文化
www.cite.com.tw　WWW.SBOOKER.COM.TW